AU SEUIL D'UNE PORTE
Édition française

Pauline Lapointe-Chiragh

AU SEUIL D'UNE PORTE
Édition française

ÉDITIONS HÉRITAGE DU CŒUR

Catalogage avant publication de Bibliothèque et Archives nationales du Québec et Bibliothèque et Archives Canada

Lapointe-Chiragh, Pauline, 1942-, auteur

Au seuil d'une porte / Pauline Lapointe-Chiragh.

Nouvelle édition.

Publié en formats imprimé(s) et électronique(s).

ISBN 978-2-9814374-4-0 (couverture souple)
ISBN 978-2-9814374-5-7 (EPUB)

1. Actualisation de soi. 2. Rêves - Aspect psychologique. 3. Lapointe-Chiragh, Pauline, 1942-. I. Titre.

BF637.S4L36 2018b   158.1   C2018-942458-3
                                         C2018-942459-1

Conception et illustration de la couverture
Massoud Golriz

Dessins
Pauline Lapointe-Chiragh

Pour joindre l'auteure :
Les Éditions Héritage du cœur
10, 8e Avenue, suite 802
Deux-Montagnes (Québec) J7R 0L7
www.heritageducoeur.com
heritageducoeur@outlook.com

Dépôt légal : 4ᵉ trimestre 2018
                      Bibliothèque et Archives nationales du Québec
                      Bibliothèque et Archives Canada

Autres versions de cet ouvrage :

Au seuil d'une porte (nouvelle édition)
Lapointe-Chiragh, Pauline 2018
ISBN 978-2-9814374-4-0 (imprimé)
ISBN 978-2-9814374-5-7 (édition numérique EPUB)

On the way in Édition anglaise
Lapointe-Chiragh, Pauline 2018
ISBN 978-2-9814374-9-5 (imprimé)
ISBN 978-2-9814374-8-8 (édition numérique EPUB)

Au seuil d'une porte Tome 1
Lapointe-Chiragh, Pauline 2014
ISBN 978-2-9814374-0-2 (imprimé)

La version française du présent titre *Au seuil d'une porte* a fait l'objet d'une adaptation en format audionumérique DAISY pour les personnes ayant une déficience perceptuelle.
Bibliothèque et Archives nationales du Québec (BAnQ) : http://banq.qc.ca
www.vuesetvoix.com

The French version of this title *On the Way in* has been adapted in the DAISY audio-digital format for the visually impaired.
Bibliothèque et Archives nationales du Québec (BAnQ) : http://banq.qc.ca
www.vuesetvoix.com

Autres ouvrages des Éditions Héritage du cœur :

Revivre de sa vie
Pyer, Jean 2015
ISBN 978-2-9814374-2-6

À mes petits-enfants, Eve et Gabriel
avec le désir de prolonger l'existence de
leur grand-papa parti sans les connaître.

Pour dire vrai...

Voici l'histoire d'une vie attentive à tous les signes que lui offrent les événements ; certains sont prévus, d'autres sont insolites...

C'est aussi l'histoire du quotidien de nos vies. Le plus ordinaire devient lieu de pensée, de recherche de l'essentiel jusque dans les détails plus intimistes. Tout devient histoire dès qu'il y a attention à faire bien ce que l'on a à faire.

C'est l'histoire d'une recherche de sens à même les joies et les épreuves, en dialogue avec un idéal de fraternité sagement affirmé.

C'est l'histoire des amitiés et des rencontres, même des voyages, qui font que l'amour demeure vivant autant que créateur de liens.

C'est l'histoire de la nuit qui rêve du jour et du jour qui rêve de la nuit, pour une recherche de la liberté improvisée selon les événements qui affirment la même recherche d'idéaux.

C'est l'histoire d'une frontière à deviner entre le savoir de l'esprit et le défi de l'observateur alerté par sa propre démarche...

C'est, en fin de compte, l'heureuse rencontre d'un bon voisinage entre l'art du récit et l'art du conte, entre la réalité et la mémoire, entre le corps et l'esprit, comme entre les mots et la mémoire vivante.

Signature du père Benoît Lacroix

Avant-propos

Ce livre est le produit d'une longue réflexion. En remontant le fil du temps, j'ai vu le chemin de ma vie, une aventure dans le silence des mots.

J'ai cherché à préciser mes souvenirs, à rattraper ceux qui s'étaient estompés. J'ai revu des paysages colorés et riches en émotions.

J'ai entrepris cet ouvrage en souvenir de Yousaf, mon conjoint pendant quarante années, et en hommage à mes enfants, Sonia et Réjean, grâce à qui j'ai découvert le miracle de la vie. À France aussi, la conjointe de Réjean, qui sait répandre l'amour.

PREMIÈRE PARTIE

CHAPITRE 1

Une porte s'ouvre

Née pour provoquer, charmer,
Née pour oser, s'amuser, épater,
Née pour déplacer des montagnes,
Née pour s'exprimer, rêver, briller,
Née pour répandre le goût de vivre.

Voilà le texte de la carte d'anniversaire que j'ai reçue pour mes 65 ans. La vie est-elle provocation, questionnement et source de défis ? Suffit-il parfois de laisser émerger les sentiments et d'accueillir leur magie ou d'ouvrir de nouvelles portes, tout en laissant les inspirations se tourner vers le renouveau et l'espoir ? Nous faut-il affronter la vie pour grandir et évoluer ou simplement nous réaliser selon notre personnalité ? Je crois qu'au fil de ses expériences et des émotions suscitées, chaque personne se découvre et trouve sa véritable raison d'être.

Ces questions essentielles continuent de résonner dans ma tête. Une nuit, j'ai fait ce rêve :

Quelqu'un ouvre une porte, me conduit dans une pièce à l'ambiance sereine. Je m'assois et observe la flamme haute et brillante d'une bougie. Progressivement, je me concentre sur ma respiration.
• Je sens les murmures de l'air entrer et sortir.
• Je sens le calme et la paix s'installer en moi.
• Je sens ce souffle envahir toutes les fibres de mon corps.
• Je sens mon corps vivant, unifié avec l'Univers.

Au réveil, une paix inhabituelle m'habite et une pensée résonne en moi. Pour mieux vieillir, pourquoi ne pas laisser jaillir ce qui vibre au fond de mon être ? Assise devant l'ordinateur, je tape ces mots : Pourquoi ne pas écrire ? Je répète l'énoncé et je fais un copier-coller. Sans raison apparente, à partir de cette simple opération, l'ordinateur s'emballe et se remet à travailler. Lorsque je veux fermer le dossier, l'écran m'annonce le risque de perdre mes données. Donc, je patiente jusqu'au moment où je comprends la cause du ralentissement : cette phrase se retrouve sur 720 pages !

Quelle coïncidence ! Même les phrases à l'écran de l'ordinateur semblent être en harmonie avec moi. Je les vois comme un signe du destin, une réponse annonciatrice d'un nouveau départ. Certaines idées s'enflamment, me donnent des élans. Je deviens une boule de feu pleine d'enthousiasme. Ce projet d'inventorier mes expériences pimente ma vie.

En passant par le poids des mots, je m'initie à leur puissance. Ils réchauffent mon cœur. De nouvelles pensées germent en moi et mon esprit s'anime. Cet élément déclencheur active ma soif de communiquer, soulève une force, un désir de me dépasser.

Ce défi ouvre un passage pour apprivoiser la petite fille qui demeure en moi, cette enfant si mal connue, à l'apparence forte, mais si fragile de l'intérieur. Tant de souvenirs m'habitent. Tout en les égrenant, je les sens porteurs d'espoir et de délivrance. Ainsi, par le pouvoir des mots, je désire démystifier certaines étapes de sa vie.

L'écriture ouvre une porte sur de nouveaux territoires intérieurs, me conduisant vers une quête de ma vérité en passant par la magie des mots, en les laissant vibrer, résonner pour mieux entendre leur écho. La plus noble conquête de l'Homme n'est-elle pas la conquête de lui-même ? Tout comme le dit Confucius : « Qui ne connaît la valeur des mots ne saurait connaître les hommes ».

◆ ◆ ◆

Je suis convaincue qu'il nous arrive à tous, un jour ou l'autre, des circonstances qui nous obligent à apporter des changements majeurs, et ce, de façon radicale. Ainsi, lorsque mon conjoint est décédé, je n'ai pas perdu uniquement un mari, mais un ami, un confident, quelqu'un avec qui je partageais mon quotidien depuis quarante ans.

Yousaf, cet homme venu d'ailleurs, m'a ouvert grand les portes de son cœur. C'est en unifiant la beauté de son monde avec le mien, en goûtant les saveurs de l'Orient et de l'Occident, que nous avons tout appris l'un de l'autre. Nos univers différents étaient, en même temps, complémentaires.

Me retrouvant seule à 63 ans, j'ai dû apprendre à vivre différemment, à prendre le temps d'assimiler cette transition et la vivre par étapes.

En plus de faire face à la mort d'un être cher, je me suis rapprochée de ma propre destinée, des détachements physiques et psychologiques qui s'ensuivirent. J'ai dû faire le deuil d'une profession exercée pendant plusieurs années, quitter mon école de naturopathie et tous mes étudiants et amis si précieux. L'écriture s'est alors révélée une façon de fermer la boucle, de saisir l'essence de ma solitude, de lui donner un nouveau souffle, un peu comme la chenille qui devient papillon.

Un autre désir m'était cher : celui de laisser un souvenir à mes petits-enfants qui n'ont pas eu la chance de connaître leur grand-père, cet homme si spécial à mes yeux. Je souhaitais leur transmettre ce qui émergeait de lui, son courage et sa dignité, tout en leur permettant de nourrir leurs racines.

Mais avant d'y arriver, je devais franchir une autre étape. Il me fallait apprivoiser la ville, choisir mon lieu de résidence, découvrir le secteur et l'endroit répondant le mieux à mes besoins... Tout en prenant le chemin de la liberté, en me laissant porter par le flux naturel de l'existence, en enlevant le plus de contraintes possible et en faisant de ma demeure un havre de paix.

Je devais apprendre à ne plus être une femme de banlieue. Il me fallait dire adieu à mon auto, m'habituer à me déplacer en transport en commun, porter mon sac à dos, bref devenir piétonne. Même si vivre signifie s'adapter, tous les ajustements perturbent momentanément l'existence.

Avec l'accord de mes grands enfants, cette période de deuil et de transition s'est faite également à travers les voyages. En allant rendre visite à ma famille par alliance, j'ai décidé de partir en solitaire et de parcourir une partie de l'Europe et de l'Orient. J'avais besoin de me retrouver parmi les siens, de m'entourer de ceux qui l'avaient aussi aimé. Près d'eux, j'ai retrouvé une partie de lui, sentant sa présence qui me réconfortait.

Ce besoin d'appartenance, autant que ce rapprochement culturel et ce soutien moral m'apparaissaient nécessaires. J'éloignais de moi ce sentiment de solitude où j'étais une femme sans conjoint, vivant avec mes enfants Sonia et Réjean sans père dans un pays étranger. J'ai vécu ce qu'une émigrante vit à travers mon mari. À mon retour, j'ai pu leur dire que nous avions une belle famille dispersée dans le monde et qu'elle était là, prête à no us accueillir. Ce pèlerinage m'aida à aller de l'avant.

❧ ❧ ❧

Comme ces changements s'étaient effectués très rapidement, je me sentais épuisée ; une régénération s'imposait. C'est alors qu'un souvenir me vint à l'esprit : ma mère avait déjà séjourné en Roumanie dans un centre thermal. À son retour, elle était resplendissante, métamorphosée.

Tout en continuant de m'interroger, je me mis en quête d'un renouveau, non pour partir à la découverte de la route des épices, mais plutôt celle d'anciennes méthodes thérapeutiques. Ma destination fut la Roumanie. Je voulais saisir l'occasion de profiter des richesses de la mer, de ses ressources balnéaires, tout comme Cléopâtre l'avait fait dans son temps. Et me voilà repartie! Des paysages grandioses, des montagnes et des cascades majestueuses resteront à jamais gravés dans ma mémoire, tout comme ces monastères réputés pour leurs fresques murales du XVe siècle. Passer quelque temps là-bas m'a alors permis de faire le vide. Ce fut une immersion totale, à la fois culturelle, historique et mystique.

Pendant mes moments de solitude, j'avais eu le temps de filtrer une partie des événements de mon passé afin de mieux percevoir ce qui me faisait vibrer ou qui me fascinait. Pourquoi ne pas faire un pas de plus et vivre une passion secrète, celle du voyage? Pourquoi ne pas organiser des séjours dont le but serait la prévention et la promotion de la santé, de la détente, de la culture et du plaisir?

Pour faire suite à cette réflexion, je vous invite à vous laisser imprégner par ces mots qui peuvent vous encourager pleinement :

• Provoquer, non pour susciter une réaction, mais pour surprendre en exposant un point de vue pertinent.
• Charmer ceux que l'on aime en laissant émerger la source lumineuse cachée en soi.
• Oser devenir entreprenante, se dépasser en faisant le pas déterminant de plus, celui de réaliser ses rêves.
• S'amuser au jeu de la vie, l'agrémenter, oublier le temps pour se distraire et se récréer.
• S'épater, se surprendre par ses talents, ses réussites.

• Déplacer des montagnes. Rester à l'écoute de la petite voix intérieure qui privilégie l'inspiration personnelle pour étonner au gré du hasard.

• Exprimer ses idées, élaborer sa pensée, se laisser inspirer par son imagination et sa créativité.

• Rêver à l'inattendu, laisser les pensées vagabonder, parcourir des mondes, aller où le soleil éclaire d'autres cieux.

• Briller, laisser jaillir la flamme intérieure présente en chacun de nous comme un phare lumineux.

• Répandre la joie de vivre, irradier par son regard tout ce qui se dégage du cœur.

• Ouvrir ses pensées et ses croyances pour accueillir des sentiments de paix, d'abondance et d'amour en devenant maître de sa vie.

L'impossible devient possible à celui qui explore la vie en s'inspirant des lois de l'Univers, tout en se donnant du temps, en s'offrant la liberté d'apprendre, de grandir, de donner, de recevoir, de rire et d'aimer...

CHAPITRE 2

L'enfance retrouvée

Du côté paternel

Mon grand-père, Léandre Audet dit Lapointe et Eugénie Simard, sa femme, arrivés de Baie-Saint-Paul à la fin du XIXe siècle, s'établirent à Saint-Cyriac, petite localité située au nord du lac Kénogami. En 1924, la paroisse fut inondée à la suite de la construction de barrages par La Pulperie de Chicoutimi. À 22 ans, Jos-Nil (mon père) quitta alors son village natal et emménagea avec ses parents à Saint-Cœur-de-Marie.

Les années 1920 étant prometteuses, mon grand-père investit dans l'achat de terres, espérant voir ses enfants s'établir près de lui. Pendant que lui et mes oncles allaient travailler aux chantiers, mon père s'occupait de la ferme. Rapidement, il prit goût à son travail. Les activités de la terre l'intéressaient, mais c'étaient davantage les à-côtés qui lui plaisaient : l'organisation, les échanges avec les gens, les achats, les ventes.

La ferme, la forêt et les affaires... De 1928 à 1931, Jos-Nil connut à son tour la vie de chantier et le travail de bûcheron. Lui et son cheval s'engagèrent comme «transporteurs de bois». De cette époque, il garda le souvenir d'un travail dur et exigeant, où la manière de faire était souvent plus importante que la force brute. Grâce à la contribution de chacun, la famille Lapointe termina, au début des années 1930, le paiement de ses terres.

Les années 1930 furent difficiles ; l'économie mondiale suffoquait. Mon père réussit tout de même à développer sa ferme. Lentement, il apporta des changements, transforma certains bâtiments et finit par posséder un abattoir. Il créa, avec ma mère Germaine, une recette de boudin qui devint très tôt une denrée recherchée. D'abord limité aux épiceries des secteurs Saint-Cœur-de-Marie, Alma et Saint-Bruno, son commerce de viande en gros s'étendit jusqu'à Jonquière, puis à Chicoutimi. Cette progression ne le satisfaisait pas; le comté du Lac-Saint-Jean Ouest l'attirait aussi.

L'année 1951 constitua une autre étape importante dans la diversification de son entreprise. Jos-Nil acheta une épicerie, un abattoir, une boucherie et une charcuterie à Normandin. Ajoutant le commerce de détail à ses activités de marchand de viande en gros, la maison de commerce Jos-Nil Lapointe et fils comptait alors une vingtaine d'employés. La compagnie de chaînes d'épicerie Steinberg lui attribua en 1954 un prix d'excellence pour son boudin. L'abattoir de Normandin devint pendant les douze années suivantes le seul fournisseur des magasins Steinberg au Saguenay. Le marché de détail progressa aussi pour s'ajuster aux besoins de la communauté. Son commerce, d'abord traditionnel, s'agrandit peu à peu pour devenir un commerce moderne.

Avec ses employés, mon père était amical. Tous assistaient à ses déjeuners-causeries du mercredi matin. Il parlait de tout et de rien, mais toujours avec beaucoup d'animation. Pendant deux mandats, il siégea au conseil de ville de Normandin.

Mon père était un fervent amoureux de la nature. Son animal préféré était le cheval. Il en a toujours possédé au moins un. De 1936 à 1954, il s'intéressa aux courses de chevaux. À cette époque, il était propriétaire de trois jeunes étalons qui couraient sur les pistes de Jonquière. À maintes reprises, il fut lui-même jockey. Quelques semaines avant de mourir, il se sépara de son dernier poney.

Il avait aussi un don naturel de météorologue; il savait lire dans le ciel et reconnaître les dessins que Dame Nature préparait pour les jours à venir. Il possédait également une telle habileté manuelle qu'il nous suffisait de lui présenter une paire de ciseaux et un morceau de carton pour se voir offrir un cheval. Il était toujours plein de nouveaux projets.

Épris de liberté, il croyait aux vertus de la libre entreprise. Sa ténacité l'entraîna à faire éclaircir la loi québécoise régissant la vente de la bière. Les autorités hésitaient à l'époque à permettre cette vente dans les épiceries ou encore à la soumettre au contrôle des municipalités. Après avoir affronté la justice à trois reprises, mon père eut gain de cause. Ce règlement faisant jurisprudence, l'ensemble des épiciers et des citoyens québécois en profitèrent et en profitent encore de nos jours.

Mon père fut membre des Chevaliers de Colomb au 4e degré pendant une vingtaine d'années. C'est avec plaisir qu'il partait en carriole pour participer à la guignolée du temps des Fêtes. Tout en ramassant paniers de Noël, nourriture, jouets et gâteries, il prenait une *shot* de caribou (boisson alcoolisée); c'était la coutume. Son retour à la maison se faisait toujours de façon joyeuse.

Il me laissa le souvenir d'un homme aimant la vie.

Du côté maternel

Mon grand-père fit partie de la douzième génération arrivée au Canada. Trefflé Gilbert, de son premier mariage en 1894, eut trois enfants. Après le décès de sa femme, il se remaria et eut treize autres enfants. Devenu veuf à nouveau, il s'unit à une troisième conjointe.

En 2001, au Lac-Saint-Jean, lors de la fusion de Saint-Cœur-de-Marie avec Alma, le comité de toponymie ajouta à des lieux publics les noms de certains aïeux des familles fondatrices. L'avenue

Trefflé-Gilbert fut nommée en souvenir de ce propriétaire terrien ayant largement contribué au développement de la paroisse.

Je garde de très bons souvenirs des trois premières années de mon enfance. C'est le temps où j'ai eu de bons moments avec maman, alors que mes sœurs allaient à la petite école. Je prenais plaisir à observer ma mère pétrir son pain dans la huche. Elle cuisinait avec amour pour sa marmaille, faisant tartes et gâteaux à la douzaine ; tout était délicieux et odorant.

Comme toutes les femmes du temps, elle faisait son beurre, préparait son propre yogourt qu'elle utilisait pour certains desserts ou dans des salades. À partir de lait caillé, elle produisait également ce qu'on appelle aujourd'hui du kéfir, dont la famille profitait des vertus. Au début de la saison estivale, elle faisait ses confitures à la rhubarbe, puis à la fin de la saison, ses confitures aux fraises des champs.

Ma mère fabriquait son savon et était experte dans l'art d'entretenir nos vêtements.

Du côté pharmaceutique, ma mère se révéla une vraie chimiste. Sirops pour le rhume et la toux, remèdes pour le mal de dents et l'élimination des vers, liniments, mouches de moutarde, astuces pour les crises d'asthme n'avaient pas de secret pour elle ; sans oublier les infusions à base de plantes médicinales qu'elle cultivait.

Quant à mon père, il prenait exemple sur l'instinct de survie de ses chevaux pour proposer des soins complémentaires à ma mère. Il lui expliquait leur façon de se rouler dans la boue pour guérir une blessure. Elle en tenait compte en préparant des emplâtres et des cataplasmes. Aujourd'hui, on reconnaît les bienfaits de l'argile sur la santé : composée en grande partie de minéraux, elle amorce l'activation des processus naturels de guérison.

Je dois sans doute à mes parents mon intérêt pour les approches préventives en santé physique et mentale. Je ne me souviens pas d'avoir connu dans mon jeune âge la visite du médecin à domicile.

C'est plus tard que j'ai admiré l'habileté de ma mère pour l'artisanat. Je possède encore un jeu de tic-tac-toe en tissu en forme de tortue. Lors d'un Noël, Maman nous avait offert à chacun une œuvre d'art en céramique : un mobile constitué d'oiseaux battant des ailes, promesse d'un nouveau souffle.

◆ ◆ ◆

J'aimerais avoir l'âme d'un poète, savoir faire jaillir la lumière. Je tenterai quand même de vous présenter des événements de l'enfance qui ont teinté et orienté ma vie.

Tous les éléments de la nature se trouvaient représentés dans la fratrie : le feu, la terre, l'air et l'eau. L'atmosphère s'imprégnait des couleurs du spectre de l'arc-en-ciel. Cette gamme d'émotions faisait naître la fierté de mes parents ou, à d'autres occasions, leur désarroi. Ces états d'âme ne restaient pas sous silence ; ils influençaient le climat de la famille, comme une sorte de météo psychique.

Je ne savais pas toujours sur quel pied danser. Parfois, tout le monde dérangeait tout le monde. Mais après un orage, le beau temps revenait. Le soleil réapparaissait, le sourire aux lèvres devenait communicatif et l'enthousiasme contagieux. Chacun de nous mettait un peu de piquant dans l'atmosphère.

Un beau jour, j'eus l'idée de me plonger dans l'histoire du Québec. Je fus étonnée de trouver une clé pour déchiffrer une partie de mon passé. J'ai alors compris l'impact et le rôle qu'avait joué le facteur financier au sein de ma famille. Son influence se faisait évidemment sentir envers les enfants selon leur rang et le contexte dans lequel ils avaient grandi.

Mes parents se sont mariés le 23 août 1933 et eurent neuf enfants entre 1934 et 1951. Mon père était de dix ans plus âgé que ma mère. Je suis née à la campagne le 19 août 1942. Ma mère se trouvant dans le champ de framboises, ma naissance fut presque une récolte inattendue. Ma venue au monde eut lieu avant même l'arrivée du médecin; heureusement, une tante s'était improvisée sage-femme.

À cette époque, l'institutrice de la petite école enseignait à tous les niveaux, à tour de rôle, de la première à la septième année. Tous les enfants de moins de 14 ans, dans la famille, fréquentaient la même classe.

Lorsque j'ai eu 10 ans, nous avons déménagé à Normandin, à environ 95 kilomètres de mon lieu natal. Papa fit alors l'achat d'une épicerie-boucherie avec charcuterie et abattoir. Son travail devint sa raison de vivre. Pour répondre aux besoins de sa clientèle, il parcourait deux jours par semaine la région du Saguenay-Lac-Saint-Jean. De nature agréable, il savait joindre vie sociale et travail, ses clients devenant ses amis. Rarement se plaignait-il d'avoir des journées trop remplies.

Mais pour moi, l'adaptation fut difficile. Partir d'une école de rang pour m'intégrer dans une classe régulière fut un choc. Je ne vivais plus en vase clos; je m'initiais à un enseignement qui exigeait une participation constante. Lors des dictées, la correction s'effectuait par la voisine de droite qui donnait ensuite verbalement le nombre de fautes. Cette façon de faire fut un vrai cauchemar pour moi : étant dyslexique, je confondais les lettres « b », « p », « d » et « t ». J'ai aussi dû mener des combats pour réviser les règles de grammaire ainsi que la liste des prépositions et des conjonctions. En ce qui concerne le petit catéchisme, on nous demandait de faire deux rangs pour former deux équipes. L'enseignante posait une question ; si l'élève ne connaissait pas la réponse, elle l'éliminait au bout du rang. Et c'était au tour de l'équipe adverse de donner la bonne réponse. Dans cette compétition, chacun s'efforçait de faire gagner son équipe.

Même la nouvelle demeure familiale me demandait de m'adapter. Une simple porte nous séparait de l'épicerie. Les chambres se situaient à l'étage supérieur.

◆ ◆ ◆

Au moment de notre arrivée à Normandin en 1951, mes deux sœurs aînées venaient de terminer leurs études au pensionnat de Jonquière. Elles ont travaillé à l'épicerie jusqu'à ce qu'elles quittent la demeure familiale. À l'été 1957, la famille célébra solennellement un double mariage. Dans mon cœur d'adolescente, tout leur semblait accessible. Mon père, notable du village, vivait ses années de prospérité. À ce moment-là, mes deux autres sœurs étudiaient à Notre-Dame-des-Laurentides à l'École normale et à l'Institut familial. Pour mon père, il était tout naturel qu'une autre de ses filles prît la relève. N'étant pas impliquée dans un programme d'études particulier, je fus désignée. Me sentant peu à ma place, dès le mois de janvier suivant, je décidai, avec une amie qui vivait un destin semblable au mien, de poursuivre mes études en cours du soir.

◆ ◆ ◆

La grève de l'Alcan

Quelques mois plus tard, eut lieu la première et la plus importante grève au Saguenay. À cette époque, 7 000 membres du Syndicat des Travailleurs de l'Aluminium étaient employés par la compagnie Alcan à Arvida. La région était reconnue comme étant l'une des plus prospères du Québec : les salaires y étaient élevés et le coût de la vie était relativement bas. Les familles nombreuses n'étaient pas préparées à vivre une telle épreuve. Cette grève d'une durée de quatre mois eut un impact économique sur tous les commerçants en périphérie de l'usine Alcan et laissa des séquelles.

Très tôt, à l'intérieur des foyers, les difficultés financières apparurent. Pour les hypothèques, des arrangements furent pris avec les caisses d'épargne et de crédit. Mais il en était autrement pour le règlement des dépenses courantes telles les factures d'épicerie. Ce fut une étape éprouvante pour mon père puisque sa clientèle venait en partie du Saguenay. Souvent, l'arrivée d'un huissier le faisait sursauter, car c'était pour annoncer une mauvaise nouvelle : non seulement une, mais deux ou trois faillites chez ses clients.

La situation économique affectait la vie de mon père sur plusieurs plans. Il lui fut difficile de gérer ce chaos. Le stress généré par la crise financière imprégnait l'atmosphère de grandes tensions. Pendant ces années pénibles, je partageais non seulement la vie familiale avec mes parents, mais également celle du travail. Je manquais d'intimité. À l'inverse de mes sœurs aînées, je n'ai pas eu la chance de connaître mon père dans ses jours les plus lumineux. L'ampleur des difficultés dépassait ma capacité à les supporter. Cette épicerie était non seulement au cœur du quartier, mais elle envahissait également mon cœur.

Ce fut donc avec beaucoup de détermination et de courage que mon père continua de croire en lui. Il sut relever le défi pour gagner au fil du temps.

◆ ◆ ◆

L'enfant, son rang et son rôle dans la fratrie

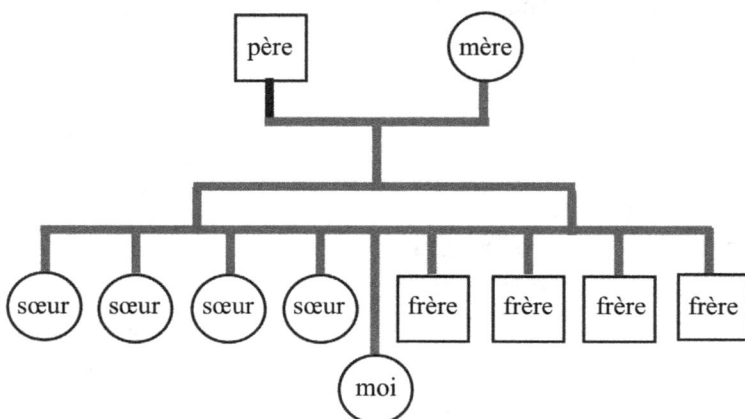

Je suis la cinquième enfant de la famille (voir l'arbre généalogique). J'ai le sentiment que la position que j'ai occupée a eu une influence déterminante sur ma vie. Née entre quatre sœurs et quatre frères, je ne savais pas toujours si j'étais une fille ou un garçon puisque je ne semblais appartenir à aucun des groupes. En fait, chacun d'eux avait sur moi une forte influence.

Au sein d'un foyer, chacun a sa vision de ce qu'il représente. C'est à l'intérieur de la cellule familiale que nous faisons nos premiers pas; cette mini-société m'a préparée à affronter le vaste monde.

En ce qui me concerne, je garde un intérêt marquant pour ce qui émerge au-delà du visible et des idéaux de l'être humain. Le neurologue, psychiatre et psychanalyste français, le Dr Boris Cyrulnik, connu pour avoir médiatisé le concept de résilience, affirme : «Un enfant n'a jamais les parents dont il rêve. Seuls les enfants sans parents ont des parents de rêve[1].»

◆ ◆ ◆

Le Carnaval de Dolbeau était l'événement le plus représentatif des couleurs du Lac-Saint-Jean ; c'était le lieu des rendez-vous. Il ravivait l'hiver d'autrefois en distrayant la population de façon saine et agréable. Grâce aux efforts de nombreux collaborateurs, chaque année le Carnaval était couronné de succès. Il s'organisait dans sept villages de la région ; chacun présentait une duchesse dont l'une deviendrait la reine. Plusieurs résidents se faisaient un point d'honneur d'avoir un bonhomme de neige, un monument de glace ou encore une sculpture de neige pour agrémenter le devant de leur maison.

L'ouverture officielle débutait par l'arrivée en hélicoptère du Bonhomme Carnaval et de la reine. L'emploi du temps était chargé : visites dans différentes villes de la région et dans les hôpitaux, journée d'activités avec les enfants, descente de ski aux flambeaux, cortège sur glace et danses autour du feu. Sur le boulevard du Carnaval s'ajoutaient différentes manifestations : déjeuner western, souper canadien, joutes de hockey et de ballon-balai, course en raquettes, promenades en traîneau et patinage. Le sourire du Bonhomme, le roi de la fête, était expansif.

---

1   CYRULNIK, Boris et SERON, Claude. *La résilience ou comment renaître de sa souffrance ?* Éditions Fabert, Paris, 2004, 247 pages.

À 19 ans, j'eus la chance d'être choisie duchesse par le comité de Normandin. En 1961, je fus élue reine. Du haut de ce trône éphémère, une perception visuelle du monde extérieur s'ouvrit devant moi. Cet air frais m'apporta un nouveau souffle : monter en altitude pour changer d'attitude. L'espoir me donnait le goût de franchir mes limites et de les dépasser.

Dans les années 1960, j'excellais dans l'art de la danse. Je me permets de vous faire une confidence... Le premier critère pour choisir un prétendant était qu'il soit bon danseur. Eh oui ! la danse est cet art du mouvement qui permet l'expression de la pensée tout en nous ouvrant sur le ressenti, l'intuitif, le sensitif et l'instinctif. Dans la spontanéité et l'expression des sentiments, la danse nous met en contact avec les cinq sens. Par la fluctuation du mouvement, entre l'équilibre et le déséquilibre, à partir du souffle vital, elle permet de se reconnecter au sol, de prendre son espace et de retrouver son axe central.

Elvis Presley était mon thérapeute. J'aimais bien me laisser guider par le rythme musical de ses chansons. Danser le rock and roll était une réelle évasion et une explosion d'énergie. Je me souviens tout particulièrement de ma robe rouge à bretelles spaghetti ; je me sentais resplendissante avec ma crinoline qui accentuait l'ampleur de mes gestes. Je me laissais aussi entraîner par la musique des mots quand mon corps palpitait dans un slow comme celui de *Love Me Tender*. Et quelle émotion de m'envoler dans une valse, me donnant l'impression de perdre le sens de la pesanteur ! «La danse est un don des dieux», disait Platon.

En compagnie d'une amie, j'ai formé un groupe de danse folklorique qui m'a donné la possibilité de suivre, à deux reprises, des ateliers intensifs à Montréal. Tout en joignant l'utile à l'agréable, cela m'a permis de développer un réseau d'amis à travers une correspondance soutenue. J'ai apprécié apprendre à connaître ces mondes inconnus. Les rencontres amicales et les échanges d'idées réchauffaient mon cœur.

◆ ◆ ◆

En laissant défiler ces souvenirs, j'ai pris plaisir à étirer le temps, à dénouer la trame de mon enfance, à me reconnecter à mes aspirations.

Love me tender,
Love me true,
All my dreams fulfilled.
For my darling I love you,
And I always will.

CHAPITRE 3

Le départ

À l'âge de 24 ans, n'ayant connu que des amours passagères et les interprétant comme un signe du destin, je décidai de m'envoler, de quitter le noyau familial et de foncer vers un autre monde.

Un désir secret m'habitait : celui de connaître celle qui portait le nom de «Pauline», mais qu'on interpellait constamment «pas Line», celle qui semblait, à l'intérieur de moi, ne pas exister. Tout au cours de mon enfance, mon prénom écorché sonnait mal à mes oreilles. Depuis mon jeune âge, lorsque j'écoutais la radio avec ma mère, certains prénoms me charmaient. Je pensais qu'en devenant adulte, je pourrais en choisir un nouveau. Ma mère me laissait rêver.

Mon prénom créait une gêne, un certain embarras. Sa mauvaise prononciation freinait mes élans. Son écho résonnait comme une plaisanterie intimidante.

Je devais quitter le Lac-Saint-Jean, le Nord, le froid, pour prendre la direction du Sud. Je choisis de connaître autre chose et de dire oui à la vie. C'est avec le cœur plein d'espoir que je fis un échange interculturel avec une anglophone de Woodstock, en Ontario. Elle nous rendit visite en premier. Ensuite, ce fut à mon tour de l'accompagner dans sa famille. Quel changement! Elle n'avait qu'un jeune frère et son père était pharmacien. Cela se passait pendant les vacances scolaires. Je me sentais gâtée, choyée en découvrant un nouvel univers.

Le temps passa très vite ; je ne pouvais l'arrêter. Au moment de quitter ma nouvelle amie, une grande tristesse m'envahit, mais je partis en gardant l'espoir d'une nouvelle aventure. Le voyage se faisait en train. À la gare de Toronto, je dus attendre la correspondance entre Montréal et le Lac-Saint-Jean pendant quatre heures. Ce délai me permit de réfléchir à une stratégie pour m'assurer de revenir en Ontario. Autrefois, une grande malle entoilée à l'intérieur servait de trousseau à la jeune mariée ou de bagage au grand voyageur. Je décidai de laisser la mienne à la gare pendant un mois afin de me créer un port d'attache.

Alors que le plus âgé de mes frères s'apprêtait à prendre la relève à l'épicerie, je continuai mes recherches pour m'extirper de chez moi. Une agence de placement m'informa qu'une famille de Toronto désirait une nounou pour ses enfants. Mes parents étaient rassurés, car on m'offrait, en plus de la sécurité, un endroit pour habiter et un salaire. Même si ce n'était pas le meilleur choix, je tirai profit de cette première occasion.

Tout était différent de ma ville natale. Me voilà à nouveau en Ontario. Ce n'étaient cependant plus les vacances à Woodstock où j'avais été si bien entourée.

Dans mon village, même sans connaître le nom des rues, il était facile de renseigner un visiteur : « Continuez tout droit, à la troisième rue, tournez à gauche, deux rues plus loin, tournez à droite et c'est la troisième maison avec une porte rouge ». Ici dans la grande ville, il ne suffisait pas de remarquer une institution financière comme point de repère puisqu'il y en avait une autre trois pâtés de maisons plus loin. Étant donné que j'étais constamment dans la foule et bousculée dans les transports en commun, comment pouvais-je éprouver une si grande solitude ? Comment parvenir à développer un sixième sens, à percevoir les signaux d'alerte, à dénouer mes peurs ?

Je me sentais sombrer dans l'eau glacée ; je devais briser la glace, la faire fondre. À l'école secondaire, j'avais bien effleuré la langue anglaise, mais une fois rendue dans une province anglophone, tout était différent ; j'entendais, mais je ne comprenais pas. Rien d'étonnant à cela puisque les connaissances restreintes de la religieuse de la communauté des sœurs de Notre-Dame-du-Bon-Conseil lui faisaient dire que le « a » en anglais se prononçait « é », et c'est ainsi qu'à l'école nous répétions « I héve, you héve », etc. Avec une telle prononciation, j'arrivais davantage à me faire comprendre par écrit ou par gestes que par les mots. Par contre, ce handicap majeur me permit par la suite, sans hésitation, de m'inscrire à un cours de langue anglaise.

Entretemps, je m'étais liée d'amitié avec Nina et avais dit adieu à mon emploi. Ensemble, nous avons loué un appartement. Quelle joie que d'avoir mon premier chez-moi, même s'il était modeste !

Mon ouverture sur le monde

Je repris mes études. Une vie multicolore s'offrait à moi. Tous ces contrastes me faisaient renaître. C'était une richesse de rencontrer des gens venant de tous les continents avec une culture et une mentalité différentes de la mienne. Je me sentais un peu comme si je m'appropriais une partie de leurs univers pour enrichir le mien. Pour rendre mes contacts plus captivants, je m'efforçais de maîtriser la langue. Maintes fois dans mon sommeil, je rêvais que je parlais l'anglais avec facilité. Je me souviens qu'au réveil, j'essayais de prolonger cette illusion.

Je n'apprenais pas que la langue anglaise, je m'éveillais à la vie. En classe, l'art oratoire faisait partie de notre quotidien et je devais affronter mes démons. Chacun, en se présentant, exprimait dans ses mots ses souvenirs d'enfance, puis parlait de sa ville et de son pays. Ces histoires évoquaient des similitudes entre nous.

Nous venions tous d'ailleurs, jeunes, prêts à offrir notre cœur pour vivre des jours meilleurs. Une idéologie commune nous unissait. Tout devenait propice à se confier et à entrer en communion les uns avec les autres. Cette chaleur était contagieuse; elle nous donnait l'impression qu'ensemble nous formions une famille. Chacun cherchait à découvrir l'autre, à sentir une fusion par la rencontre avec les yeux lorsque les mots nous manquaient.

De nature curieuse, j'étais tout simplement émerveillée par cette chance du destin. Je vivais une aventure fascinante. J'échangeais avec les autres, j'observais, j'analysais pour mieux comprendre l'humain. Cette démarche me permit d'explorer davantage le monde des sens. Je voulais faire de cette sensibilité un atout, une qualité, une faculté spécifique à développer pour devenir plus intuitive en vivant passionnément le moment présent. J'existais dans toutes les fibres de mon corps et apprenais à observer les événements en les suivant étape par étape. Je sentais une conscience s'éveiller à la liberté de soi et des autres ainsi qu'à la compassion.

Toujours pour me faciliter la vie, je trouvai un emploi à temps partiel comme caissière, travail auquel mon père m'avait si bien initiée. Mais là, une autre surprise m'attendait.

CHAPITRE 4

Une rencontre déterminante

Au travail, un bel homme mince, de grande taille, au teint basané et au sourire rayonnant, venait assidûment lire son journal en solitaire à une table. Dès le premier regard, il bouleversa mon cœur. C'est précisément à ce moment que je compris pourquoi je n'avais jamais connu le grand amour : c'était lui que j'attendais. Mais comment faire pour le conquérir? Je me sentais tellement limitée par la langue... Un beau jour, cependant, le contact s'établit au-delà des yeux. Et c'est là que tout a commencé.

Il m'adressa la parole, en disant : «C'est dommage que vous travailliez les fins de semaine». Je répondis aussitôt avec assurance : «Dimanche prochain, je serai libre». Il me demanda alors si je préférais aller au cinéma ou au restaurant. Je m'empressai de répondre : «Au cinéma». Mon vocabulaire étant limité, il est aisé de comprendre mon choix.

Le rendez-vous avait été fixé au début de l'après-midi. Après la projection du film, il m'offrit un rafraîchissement à la terrasse du restaurant au 33e étage de l'Hôtel Sutton Place. Nous communiquions davantage par le regard que par les mots. Un violoniste vint jouer une mélodie à notre table. Inutile de vous dire que cette atmosphère éveilla mes sens. L'air romantique me rappela un souvenir d'enfance lorsque nous prenions plaisir à entendre un employé de mon père jouer du violon. Je venais de partager un moment privilégié que j'espérais revivre. Alors, de crainte d'ennuyer Yousaf, je lui dis que ma soirée était planifiée. En fait, je préférais rester seule, car je ne voulais surtout pas réduire la flamme que j'avais devinée dans son regard.

Au début de notre relation, il était mon tuteur, et lors de nos rencontres, il corrigeait mes travaux scolaires. Puis, il se transforma en protecteur. Sachant que j'étais toujours en période de survie, il m'offrait des fruits à chacune de ses visites. Pour me mettre à l'aise, il précisait : «Ça ne coûte presque rien de plus d'en acheter un panier plutôt qu'une livre». Quelquefois, il me faisait comprendre qu'il voulait partager ses astuces en fine cuisine. C'est là que je découvris les délices d'un fin gourmet. Avec lui, j'apprivoisais les saveurs du monde, les épices et je savourais les plaisirs de la table. Ses attentions me surprenaient constamment.

Ses yeux reflétaient la douceur de son cœur. Yousaf savait interpréter mes états d'âme. Il voyait aussi comment agir avec ma nature audacieuse, spontanée et souvent naïve, aimant me laisser surprendre et m'émouvant comme une enfant.

Étant né dans un pays chaud et n'ayant jamais affronté le froid de nos hivers, il comprenait difficilement que les femmes puissent, lors d'un temps parfois glacial, continuer à porter des bas en nylon. Un jour, j'eus la surprise de recevoir des bas collants en coton pour me garder au chaud.

C'est auprès de lui que je m'épanouissais. Enfin, quelqu'un voyait que j'existais. Je suis alors devenue «Pôline». En l'entendant prononcer mon prénom, je sentais mon énergie s'imprégner d'un souffle magique.

Yousaf était de nature contemplative. En plus d'observer le monde avec son regard profond, avant de donner une réponse, il analysait. Ce penseur, souvent rêveur, savait m'émerveiller.

C'est avec lui que j'appris à ne pas dire du bout des lèvres : «Je vais bien», mais à le sentir de l'intérieur. Enfin, je cessais de douter à la moindre dévalorisation et à avoir suffisamment confiance en moi pour ne pas m'écraser devant les difficultés. Je réussissais aussi à calmer les tempêtes générées par les carences, à trouver les failles pour moins alimenter la souffrance et mettre fin aux heures de «mal-heur».

C'est ensemble que nous avons découvert les secrets du bonheur et avons modifié nos pensées en nous surprenant et en voyant le meilleur de nous-mêmes. On n'avait pas permis à Yousaf de choisir sa profession. Selon les coutumes de son pays, les liens familiaux étaient très forts et son grand-père refusa qu'il quitte sa ville pour étudier ailleurs.

Incapable d'exercer en tant que dessinateur, il cherchait les ingrédients du succès pour répondre à ses ambitions. Ce fut à mon tour de l'encourager. C'est avec force et détermination qu'il reprit ses études pour devenir ingénieur industriel.

À la fin de mes études commerciales, ne voulant surtout pas être un obstacle à la réalisation de son objectif, je décidai de quitter Toronto pour m'installer à Montréal sans savoir ce que l'avenir allait me réserver, mais en faisant confiance à mon intuition. À sa deuxième visite, il me demanda de partager sa vie. C'est ainsi que nous avons été fiancés pendant un an. Afin de mieux combler le vide de son absence, en plus de mon travail, je me suis inscrite à des cours du soir en psychologie.

Nous nous sommes mariés le 22 décembre 1969 dans la petite chapelle de la Basilique Notre-Dame de Montréal. Celle qui s'appelait Pauline Lapointe devint Pauline Chiragh. Un son différent, porteur d'une ouverture sur un Nouveau Monde. Parfois, lorsque mon conjoint s'adressait à moi, il m'arrivait de faire semblant de ne pas écouter pour l'entendre prononcer à nouveau mon prénom. Celui-ci, venant de ses lèvres, devenait une mélodie émouvante. Par le ton de sa voix, Yousaf me donnait des ailes. Deux enfants sont nés de cette union de deux mondes différents : Sonia et Réjean.

Le parcours de Yousaf

Yousaf est né en Birmanie (depuis 1989 appelée Myanmar), en Asie du Sud-Est, bornée au Nord par le Tibet, à l'Est par la Chine et la Thaïlande, au Sud par la mer d'Andaman et le golfe du Siam, à l'Ouest par l'océan Indien.

Quand Yousaf eut 4 ans, sa famille déménagea en Inde (appartenant à l'Empire britannique de 1750 à 1947) sur le territoire actuel du Pakistan. Il y fit ses études et entra dans l'*Indian Air Force* pour se spécialiser en technique de l'ingénierie aéronautique.

À l'âge de 17 ans, il partit avec sa famille vivre à Chypre, une île de la Méditerranée. Même si ce pays est géographiquement proche du Moyen-Orient, il est culturellement et politiquement lié à l'Europe.

À 27 ans (1960), il quitta Chypre pour immigrer en Angleterre, puis à 33 ans (1966) au Canada.

Après avoir traversé l'Atlantique, Yousaf mit pied sur terre dans la ville de Québec le *12 juillet 1966*. Il a été inhumé à Laval le *12 juillet 2005*.

Quelques mois après son départ, une grande joie arriva dans ma vie : France, la conjointe de Réjean, donna naissance à Eve le 21 octobre. C'est le cœur plein d'émotion que j'éprouvai l'allégresse d'être grand-mère en tenant ma petite-fille dans mes bras. Par contre, il me fut douloureux de savoir que Yousaf ne connaîtrait jamais cette béatitude. En palpant le ventre de France, il avait senti les mouvements du bébé et l'avait surnommée «Poppy». Dans le langage des fleurs, ce nom symbolise «une ardeur timide», ce qui représente bien la personnalité d'Eve.

Yousaf à 33 ans

CHAPITRE 5

L'écho de mes nuits

Le rêve habite nos nuits, ce n'est pas nouveau. Notre histoire en témoigne à chacune des périodes de son évolution. Depuis le début de l'Humanité, les sociétés primitives ont été frappées par l'aspect étrange, merveilleux, prodigieux ou encore terrifiant et prémonitoire des rêves. Selon l'historien médiéviste français Jacques Le Goff, ce n'est qu'à la fin du XIIe siècle que la connaissance des rêves commença à se libérer de ses origines divines ou sataniques. Notre époque se caractérise par une multitude d'études sur les rêves et le développement de théories biologiques ou philosophiques. Le psychiatre Carl Jung (1875–1961) a d'ailleurs su les illustrer par un langage universel, celui des métaphores et des symboles. Il affirmait qu'en cherchant dans les profondeurs, nous approchons une dimension plus vaste, celle de l'âme humaine, sentie à travers les manifestations psychiques[2].

« En chacun de nous existe un autre être que nous ne connaissons pas. Il nous parle à travers le rêve et nous fait savoir qu'il nous voit bien différent de ce que nous croyons être. » Carl Jung.

Pourquoi rêve-t-on ? Bien que plusieurs théories circulent sur la véritable fonction des rêves, aucune n'a été formellement adoptée. Force est donc de reconnaître que personne n'a réussi à percer et à comprendre la signification des rêves.

Une vie heureuse doit avoir un sens. Nous savons que chaque jour, de nombreux facteurs viennent caractériser et donner forme à ce que nous sommes.

---

2   JUNG, Carl Gustav. *L'homme et ses symboles*. Éditions Laffont, 1992, 320 pages.
JUNG, Carl Gustav. *Sur l'interprétation des rêves*. Éditions Albin Michel, 1998, 313 pages.

Ces mystérieux messages de l'âme peuvent parfois s'interpréter comme la visite d'un guide spirituel venant indiquer la voie à suivre. L'interprétation de mes songes m'a souvent aidée à comprendre le présent et à préparer des lendemains plus heureux. J'ai soigneusement arrosé ces rêves, je les ai laissés germer, vus fleurir et s'épanouir, puis j'en ai cueilli les fruits.

J'ai toujours cru que la nuit était porteuse de messages. Il me semble que le rêve nocturne, contrairement au rêve éveillé, m'a guidée sans contraintes ni interdits. Il m'a permis de comprendre ce qui était enfoui au plus profond de moi et de ma mémoire. Le fait de s'intéresser à cet aspect de soi ouvre des portes. Les contraintes de la vie nous empêchent souvent de nous arrêter pour réfléchir. Le rêve nous permet de méditer sur nos actions et nous donne des pistes sur les limites à repousser.

«Un rêve non interprété est comme une lettre qui n'a pas été ouverte». (Talmud ou Bible hébraïque)

Je vous laisse découvrir mon histoire à travers mes rêves…

◆ ◆ ◆

Lorsque j'étais jeune, je faisais souvent deux rêves. Une fois devenue adulte, la curiosité m'a poussé à vouloir en comprendre le sens.

J'ai une garde-robe remplie, bien rangée et plus que pratique. Elle est impressionnante, je dirais même somptueuse. J'y trouve des vêtements colorés : robes, dentelles, crinolines, tricots, écharpes, manteaux, chaussures et accessoires pour toutes occasions. Chaque fois à la fin du rêve, je garde l'illusion d'ouvrir une porte sur un monde nouveau.

Ce rêve est venu d'un désir : porter des vêtements neufs pour me permettre de m'affirmer. L'arrivée d'une nouvelle saison m'enthousiasmait peu, car j'avais vu les mêmes vêtements portés par mes sœurs à plusieurs reprises. Chez nous, comme ailleurs à cette époque, les vêtements de la plus vieille passaient à la suivante. Même si c'était la coutume, je me sentais démunie. Je n'avais pas la grandeur d'âme de Saint-François d'Assise. Ce saint, issu d'une famille riche, transforma sa vie en épousant « Dame Pauvreté » et ne chercha plus à impressionner, sinon à semer la paix.

À 14 ans, je résolus ce problème. Ma mère accepta que j'apprenne la couture, et mon père, avec son goût raffiné, n'y voyait pas d'objection ; il pouvait me comprendre. Ensemble, ils firent en sorte que je reçoive des cours privés avec la meilleure couturière du village.

Enfin, je pouvais goûter une certaine liberté : confectionner mes vêtements. Selon les saisons et mes humeurs, je passais facilement d'un tissu à un autre. Quel emballement de sentir la beauté naturelle d'une étoffe, de l'adopter pour sa qualité, sa couleur, sa texture, sa douceur et le confort qu'elle procurait !

C'est par la couture que le goût de la créativité apparut dans ma vie. Voilà comment je découvris mon côté artistique. Ce professeur de couture savait partager son expertise. Ses remarques à la fois constructives et respectueuses faisaient grandir mon estime et mon sens de l'esthétique. J'apprenais à manipuler les tissus avec légèreté et à fignoler les détails pour que toutes ces précautions rendent le vêtement attrayant. La couturière me montrait de nouvelles techniques comme la confection d'un vêtement réversible. J'aimais bien l'entendre dire : « Si tu veux que le résultat final ressemble aux habits confectionnés par un couturier, il ne tient qu'à toi de faire attention aux subtilités qui demandent aisance et dextérité ».

La satisfaction d'ajouter de la nouveauté à ma garde-robe créait aussi un impact positif dans ma vie. La concentration sur ce travail devenait presque une méditation. J'avais trouvé une passion qui me faisait perdre la notion du temps. « S'il avait soin de lui-même et de ses habits, il n'aurait pas l'air d'un va-nu-pieds », disait Balzac.

Je suis devenue sélective dans mes choix d'ensembles et experte dans l'art de marier les couleurs. En effet, le plaisir d'adapter une coupe qui convienne à ma silhouette ou d'harmoniser des nuances à mon teint, faisant ressortir tantôt le bleu, tantôt le vert de mes yeux, me donnait un regain de fraîcheur et une grâce naturelle qui se dégageaient dans mon regard. Je gagnais également confiance en moi tout en exprimant ma personnalité.

J'ai même cousu pour mon père un gilet qui était sa fierté. Il savait si bien le mettre en valeur que j'ai dû en confectionner pour mes oncles !

◆ ◆ ◆

Le second rêve de mon enfance était tout à fait différent. J'étais plongée dans une situation embarrassante. Je voulais m'exprimer, mais j'en étais incapable ; incapable de prononcer un seul mot. Au réveil, j'éprouvais un malaise, une sorte d'étouffement qui me laissait fébrile.

Par exemple : je suis coincée dans une voiture ; je finis par me retrouver dans la foule, mais ne suis plus en mesure de rattraper les personnes avec qui je me trouvais ; ou encore, j'essaie de crier, mais aucun son ne sort de ma gorge.

Cette sensation d'étouffement venait d'une difficulté à relier la tête et le cœur, la gorge étant le point de passage entre l'intellect et les émotions. Je devais apprendre à ne pas rester dans cette dualité sinon trouver l'équilibre entre détermination et lâcher-prise. Il me fallait aussi laisser le flux d'énergie jouer son rôle de catalyseur afin de mieux profiter de la liberté et de la paix de l'esprit.

Étant l'enfant du milieu, je me sentais souvent mal à l'aise, délaissée, ne sachant pas comment réagir. J'étais l'enfant dérangeante et fatigante qui voulait tout comprendre. Une pluie de questions restait sans réponse, car peu de personnes en faisaient cas. Je n'étais jamais rassasiée. De façon concrète, cette obsession me poursuivait même dans les rêves.

Ceux-ci furent une ouverture pour mieux me connaître. En 1984, à l'âge de 42 ans, j'ai commencé à m'orienter vers une médecine préventive plutôt que curative, puisque le corps ne peut se dissocier de l'esprit et que toute fragilité vient d'un manque d'harmonie.

◆ ◆ ◆

Mon fils Réjean faisait un rêve récurrent qui m'intrigua pendant longtemps. À quelques reprises, lors d'une fièvre causée par un rhume, il apercevait devant lui des maisons pyramidales faites avec un jeu de cartes ; il les voyait tomber les unes par-dessus sur les autres. Chaque fois, il se réveillait perturbé.

Lorsque Réjean eut 4 ans, nous avons quitté l'Ontario pour nous installer dans la province de Québec. Six mois s'écoulèrent entre la vente de notre maison et le déménagement. Réjean me demanda : « Pourquoi Papa n'est plus avec nous ? » Je répondis alors : « On ne peut pas aller retrouver ton père puisque l'argent que l'on possède est allé à l'achat de notre maison ». Je n'avais pas saisi le sens caché de son rêve. Comment pouvais-je lui faire comprendre la raison de cette séparation, le fait qu'il nous était impossible de financer deux propriétés ?

Ce qui reste incompris s'imprègne dans nos mémoires et refait surface d'une manière ou d'une autre dans nos vies. C'est à travers nos rêves et nos cauchemars ou parfois dans nos réactions quotidiennes que ce malentendu vient nous hanter jusqu'à ce que la conscience nous éclaire.

Mon fils eut un autre rêve tout aussi révélateur. Il se réveilla un matin en me disant : «Maman, j'étais si heureux dans mon rêve. Comme mes amis, j'apportais ma poupée Bout d'chou à l'école».

À ma grande surprise, moi qui pensais ne pas être sexiste, j'étais tombée dans le même piège que mon père. En de nombreuses occasions, il m'avait dit : «Ce serait différent si tu étais un garçon ; oublies-tu que tu es une fille ?» Même si nous avions trois voitures à la maison, seuls les garçons avaient la permission de conduire. Mes sœurs et moi n'avons jamais eu ce privilège ; mon père préférait que nos déplacements se fassent en taxi.

Je fus ébranlée de constater par le rêve de mon fils que j'avais la même attitude que mon père. Comment se faisait-il que je n'aie jamais pensé à lui offrir une poupée alors que j'avais acheté des petites voitures à Sonia ? Évidemment, lors de la journée pédagogique suivante, ensemble nous sommes allés acheter une poupée Bout d'chou et avons mangé au restaurant. De retour à la maison, il me dit : «Quelle belle journée ! Je voudrais toujours m'en souvenir !»

DEUXIÈME PARTIE

Une entrée dans mes rêves

Avec cette deuxième édition, j'aimerais apporter un nouvel éclairage sur le chapitre qui concerne les rêves en citant Carl G. Jung :

Ceux qui n'apprennent rien des faits désagréables de leurs vies forcent la conscience cosmique à les reproduire autant de fois que nécessaire, pour apprendre ce qu'enseigne le drame de ce qui est arrivé. Ce que tu nies te soumet. Ce que tu acceptes te transforme.

Un défi que d'être à l'écoute du vécu, de l'instant présent. Tant de messages cherchent à se révéler dans les rêves ; ils nous échappent facilement. Ces messages de l'inconscient sont pourtant là pour nous aider à mieux vivre. Observer, être sans cesse en contact avec nos perceptions, ralentir le rythme de la vie pour une heureuse rencontre entre le corps et l'esprit, entre l'introspection et l'expérimentation.

Lorsque j'étais jeune, je répondais aux attentes de mon père. Je marchais constamment sur des œufs. Étrangement, d'une personnalité extravertie, je demeurais dans l'ombre, solitaire et silencieuse. Je ne savais pas dire « non ». À cette époque, je n'ai pas eu la même chance que les membres de ma fratrie, celle de sortir du clan familial, de choisir ma voie. Mon père m'avait donné la responsabilité de l'épicerie-boucherie. Comme j'espérais un avenir différent de celui auquel mon père me destinait, je poursuivis mes études le soir, tout en travaillant le jour. Avec le recul, je dois cependant préciser que dès que j'ai commencé à travailler, j'avais des contacts enrichissants, car j'étais à l'aise avec le public. Je n'étais pas seulement une vendeuse, je devenais une amie, parfois même une confidente. J'observais. Je trouvais des réponses à mes interrogations. Ce travail a donc facilité ma compréhension de l'humain et m'a permis de développer ma créativité et mon imagination : évaluer les produits, les mettre en valeur par l'étalage, gérer les denrées périssables. Il m'a aussi permis d'acquérir confiance et indépendance, de découvrir mes réelles aspirations. Certaines personnes sont nées avec la recette du bonheur ; quant à moi, j'ai mis du temps à la concocter.

J'ai également eu soif de me connaître par la lecture. Cette source de plaisir m'a aidée à mieux percevoir le monde et sa réalité. Entrer dans l'univers d'un auteur pour apprendre à travers les différences, pour m'aider à m'adapter au changement. Je comprenais peu à peu que le corps, l'âme et l'esprit ne faisaient qu'un.

La nuit, ma conscience se libérait. Sans aucune connaissance particulière de l'univers des rêves, j'ai cherché la lumière et développé ma propre façon de les interpréter. Je suis devenue, en quelque sorte, mon thérapeute. En m'auscultant, j'ai trouvé la cause de mon malaise. Ainsi l'interprétation de mes rêves s'est imposée à la compréhension de mon vécu.

Les rêves constituent une partie importante de ce livre, car ils ont une influence capitale dans ma vie. Ces prémonitions m'ont incitée et m'incitent encore à rester attentive aux riches messages de l'inconscient. Après de longues réflexions, le sens émerge. Patience, acceptation d'un sens caché luisant ou difficile à intégrer, voilà les prérequis essentiels à la bonne interprétation de ces indices subliminaux. Ce troisième œil me permet de jeter un nouveau regard sur ma vie. Je continue à observer, à interpréter mes rêves, à affiner mes perceptions sur le chemin parcouru et celui qui me reste à explorer.

Dans les pages suivantes, je vous ouvre donc une porte sur mes rêves. Une invitation à me suivre, un héritage du cœur...

Survol de mes rêves

En cette journée ensoleillée, un oiseau chanteur, perché sur la balustrade du balcon, me ravit de ses sons mélodieux.

La relecture de mes rêves nocturnes réveille des souvenirs très touchants ; ils se lisent comme un journal intime. Le premier de ces écrits date de 1987. Leur ordre chronologique, souvent précurseur de révélations, coïncide avec des événements qui démontrent des périodes de réflexions intenses. Ces rêves ont d'ailleurs une portée presque magique. Il me fut très agréable de redécouvrir les alliés de mes nuits. Ces fragments, parsemés de signes, réveillent ma mémoire. Fascinant ce retour dans mon passé, accompagné de l'accès à ma sagesse intérieure. J'avais trouvé une nouvelle façon d'ajouter un stimulant à mon quotidien.

◆

La rencontre avec Joseph Murphy
Rêve du 24 juillet 1987

J'écris à Joseph Murphy et l'invite à venir à la maison. Il accepte l'invitation et je le rencontre à l'aéroport. Assise près de cet homme remarquable, je suis frappée par son regard qui respire la profondeur de son âme. Il me dit : « J'ai trois jours à vous consacrer. Je donnerai des conférences à l'endroit de votre choix ». Je choisis alors le Lac-Saint-Jean. Je voulais donner aux gens de la région la possibilité de recevoir cet homme dont la grande simplicité resterait gravée dans leur mémoire.

Joseph Murphy (1898-1981) a écrit une trentaine de livres. Il était docteur en philosophie, en théologie et en droit. On le décrivait comme un ardent sensibilisateur du potentiel humain. «Il est de votre droit divin d'utiliser, de révéler, de répandre et exprimer la puissance, l'élégance et la richesse de l'infini[3]. »

Après ce rêve, j'expérimentai ses recettes et plusieurs d'entre elles me furent d'une aide précieuse. Cependant, je devais accomplir un travail intérieur. Il me fallait apprendre à sentir le souffle dans mon corps, en me donnant la capacité :
• De percevoir cette première étape du processus déclencheur de l'émotion ;
• De comprendre les mécanismes de la respiration ;
• De prendre conscience de l'origine des blocages respiratoires.

Mes autres lectures m'ont encouragée à découvrir la théorie du Dr Alexander Lowen (1910–2008). L'analyse bioénergétique est une technique basée sur la sensibilité des mouvements corporels liés à la respiration : détecter les zones de blocage, faire des exercices d'ancrage pour permettre d'entrer en résonance avec la force vitale.

Je me souviens que le Dr Lowen énumérait des moyens pour faciliter la relation avec le réel. Il savait m'aider à me connecter à l'instant présent, dans mon corps, dans ce lieu où les sensations sont en direct. L'un des exercices proposés consistait à faire le tour de la table en portant attention à la plante des pieds. Il disait : « Si vous semblez éprouver un manque de sensations, il est temps de faire quelque chose[4]. »

Et me voilà à la recherche d'une approche pour atteindre mes racines par la respiration. Je dois lâcher l'enfant en moi, un peu comme sortir pour prendre de l'air pur, mieux respirer, évoluer vers

---

3 MURPHY, Joseph. *Comment utiliser les pouvoirs du subconscient.* Éditions J'ai lu, 1988, 316 pages.
4 LOWEN, Alexander. *Pratique de la bioénergie.* Éditions Sélect, 1978, 188 pages.

une renaissance progressive en trouvant une technique simple, mais qui fonctionne. Pendant un an, je me suis inscrite à des sessions intensives de *rebirth*.

Les objectifs de cette approche sont :
• Vivre une respiration à la fois dynamique et relaxante ;
• Sentir le souffle par l'échange d'air entre l'oxygène et le dioxyde de carbone ;
• Créer une relation intime entre le corps et l'esprit ;
• Contribuer à une meilleure clarté mentale ;
• Se libérer des blocages physiques et psychologiques.

La respiration consciente conserve un flux d'énergie régulier et continu. Afin de rétablir le contact entre les deux hémisphères cérébraux, il n'y a aucune pause entre l'inspiration et l'expiration. La transition se fait progressivement comme un moment de vide où l'air n'entre ni ne sort. L'exercice consiste à respirer par le nez pendant une heure sans interruption, permettant ainsi de se détendre complètement et de privilégier l'émergence des mémoires du corps. La respiration se dirige dans la partie supérieure du thorax. Je suis guidée par l'air et je reste attentive aux émotions ressenties. Le but est de libérer les fardeaux du passé pour affronter ses peurs et ainsi mieux vivre. Le *rebirth* est un processus de croissance personnelle ; il doit se pratiquer avec un spécialiste.

Il s'agit d'utiliser des affirmations positives pour éliminer les pensées autodestructrices. Peu importe notre âge, notre éducation, notre mode de vie, nous sommes tous constamment sollicités par de nouvelles approches. Nous ne savons pas toujours comment rester connectés à notre vérité. Nous n'apprenons pas alors à améliorer la respiration ; bien au contraire, celle-ci régresse loin de la base de l'énergie vitale. Cette théorie m'a fortement influencée.

La technique fut développée dans les années 1970 par Leonard Orr, né en 1937. Cet ancien élève de philosophie et de théologie était en quête de sens vers une approche universelle : se débarrasser de la pulsion de mort en restant étroitement lié à l'immortalité de l'âme. Il s'agit, disait-il, « d'être plus intéressé à vivre qu'à mourir et de croire en notre trinité [5] ».

En 1968, j'ai suivi des cours à distance, offerts par l'Université du Québec à Montréal en psychologie et en chimie appliquée. Plus tard, je me suis inscrite au cours *The World of Chemistry* à l'université McGill.

Cette dernière formation, suivie dans une langue étrangère, ne répondait toujours pas à mes attentes. J'y avais mis tellement d'énergie que mon fils m'avait lancé un défi : « Maman, avec tous ces efforts, c'est impossible que tu ne réussisses pas ». Mais malgré toute ma bonne volonté et même en étudiant avec les dictionnaires français, anglais et médicaux, je n'ai passé qu'avec la note D reconnue uniquement à cette université. L'examen par questionnaire à choix multiples ne donnait qu'une vision axée sur l'urgence d'intervenir alors que mon intérêt allait vers la prévention.

Me sentant plus à l'aise dans le concret que dans l'abstrait, je me suis orientée vers une médecine alternative, une formation de trois ans en naturopathie.

Pendant cette période, je travaillais à temps partiel comme assistante d'un chiropraticien. Cet emploi me permit d'explorer une autre facette du corps humain. Mais j'en voulais davantage : je voulais trouver le chemin qui m'enseignerait un meilleur équilibre, non seulement pour apprendre à gérer mes émotions, mais aussi à les digérer. Je me sentais encore limitée dans mes connaissances.

---

5   ORR, Leonard. *Le Rebirth*, Éditions MCL, 1984, 286 pages.

Une nouvelle perspective
Rêve du 8 décembre 1987

Je rencontre une jeune fille dans l'autobus, qui me dit : « Je suis allée à Miami pour suivre une formation comme assistante médicale ».

Avec ce rêve, je sentais qu'une autre possibilité allait s'offrir à moi : celle de relever un nouveau défi. Toujours afin de mieux me comprendre, j'envisageai une approche indirecte : un travail rémunéré qui me procurerait une vision élargie alliant médecine allopathique et médecine non conventionnelle.

Un peu plus tard, mon amie Yasmine rencontra fortuitement une ancienne connaissance qui lui proposa un travail à temps partagé pour assister un neurologue. Mais comme la vie de femme au foyer la comblait, elle mentionna à son amie que je serais sûrement intéressée par ce projet. Je n'ai eu aucune démarche à faire. Je reçus un appel téléphonique et l'emploi m'était proposé. Recevoir cette offre presque sur un plateau d'argent fut une réelle surprise.

Mon nouveau patron me fixa un rendez-vous. L'entretien d'embauche se déroula en anglais et une bonne chimie s'établit entre nous. Il me proposa l'emploi en indiquant que je devais utiliser un appareil de dictée. Je lui ai répondu : « Pas de problème ». Mais je savais que je n'allais pas écrire aussi vite que sa dictée. Bien que la sténographie fasse partie du plan de cours en secrétariat, j'avais dû l'abandonner à mi-chemin en raison de ma dyslexie. Lorsque les lettres s'enchevêtrent, les mots se mélangent et cela devient vite une cacophonie impossible à transcrire.

Mes rêves m'ont donné le courage d'aller au-delà de mes limites et de surmonter toutes mes craintes et appréhensions.

La sténographie
Rêve du 30 mars 1988

Je me vois assise en tête à tête avec mon employeur, en grande conversation dans la salle à manger. Des fruits décorent le milieu de la table. Je lui dis doucement : « Je ne pense pas pouvoir travailler avec le Dictaphone ». Il reste silencieux et je sens de la tendresse dans son regard.

Dans ce rêve, la solution devenait évidente. La sténo devait relever de ma collègue. Mais quelle stratégie trouver pour qu'il en soit ainsi ? En observant les méthodes de travail, je me suis souvenue d'une conversation au cours de laquelle elle me disait aimer dactylographier des rapports médicaux. Comme le contact humain était facile et agréable pour moi, je pris donc la responsabilité des appels téléphoniques des patients et du personnel de l'hôpital. Nous avons comblé cette lacune en unissant nos forces dans l'égalité.

Les fonctions liées au monde médical favorisaient des liens étroits avec les patients. Cette proximité facilitait le réconfort dans l'épreuve. Parfois, cet apaisement leur permettait de trouver des solutions à leurs problèmes. Ma détermination était de réduire leur stress et d'augmenter mon efficacité. Lors des appels d'urgence, je sentais leur angoisse d'apprendre un résultat catastrophique ou leur crainte d'une rechute. Mon rôle consistait alors à les sécuriser. Je me plaisais à exercer des fonctions qui me donnaient la possibilité de mettre en pratique ce que j'étudiais en naturopathie.

Souvent, mon cher médecin s'étonnait des informations qu'il recevait des patients : ces confidences facilitaient son travail. Il me disait : « Je ne connais aucune infirmière comme vous ; vous exercez cette tâche de façon innée ». Mais, même si nous échangions sur différents domaines, mes études restaient un secret bien gardé.

Ensemble, nous formions une bonne équipe. Les journées se passaient sans pause. Je travaillais, donnant mon maximum et l'on me le rendait bien. Comme je ne m'absentais pas pour manger, très souvent les patients me gâtaient en m'apportant, soit des repas préparés, soit des cadeaux au retour de leurs vacances.

Qu'est-ce que je pouvais demander de plus ? Je travaillais trois jours par semaine et étais payée pour apprendre. Le trajet de mon domicile au travail se faisait avec le train de banlieue, ce qui me donnait le temps d'étudier. Dans ma dernière année de formation, je commençais à faire de la consultation à temps partiel, pour finalement travailler à mon compte en tant que consultante. Cet emploi préalable fut le dernier et le plus enrichissant de tous.

À l'été 1992, je savais que je pouvais faire preuve de persévérance, d'autonomie et de détermination. J'étais convaincue que je prenais la bonne décision, celle de me réaliser en n'étant plus sous la direction d'un employeur. Je voulais devenir indépendante, suivre les élans de mon cœur, goûter au plaisir de prendre des initiatives, acquérir le sens réel du partage, intégrer ma philosophie et rêver à une ouverture sur le monde.

◆

Pleurs et étouffement, plus d'un an après
Rêve du 26 mai 1989

Enfant, je me retrouve avec ma famille dans un chalet qui ne nous appartient pas. Ce jour-là, mes frères et sœurs se plaisent à me taquiner et je sens une certaine malice de leur part. Je n'aime pas la sensation de ce malaise qui me donne l'impression d'être dans un étau. Peu importe où je regarde, je les sens tous contre moi. Je deviens tellement bouleversée que je n'ai qu'une idée : disparaître. Je pense partir, mais je me rends compte qu'ils ont caché mon sac à main et ma brosse à dents. De plus, lorsque je me retrouve dans un endroit inconnu, je peux facilement m'égarer. Je décide quand même de les quitter. Une fois dehors, repliée sur moi-même, je pleure. Comme je n'ai pas de mouchoir, j'utilise du papier de soie. Assise par terre, je me sens incapable de dégager les longs cheveux de mon visage. Je gémis tellement que j'avale du papier de soie et je m'étouffe.

À cette époque, je suivais un cours du soir dans un établissement d'enseignement collégial : «*Apprendre à se connaître*». Le travail sur soi éveille bien des réflexions et des analyses.

Ce rêve me ramena à un stade de mon passé, à des moments où je vivais de l'impuissance, me sentant incapable de réagir. Il s'agissait de prendre à nouveau du recul. Je devais trouver l'équilibre entre les polarités masculine et féminine, tout en acceptant chacune d'elles : trouver mon axe entre ces deux énergies. Je sentais que j'avais enfin déchiffré la fébrilité qui m'envahissait depuis mon enfance. Cette prise de conscience donna un sens à cette période de ma vie : m'accomplir à un autre niveau. Quitter une zone de confort apporte des doutes, des peurs et de l'incertitude. Pourtant, je décidais de voler de mes propres ailes et trouver des moyens qui mènent à mon chemin vers la vérité, ma vérité.

❧

La résidence de René Lévesque
Rêve du 6 juin 1989

Une belle maison inhabitée appartenant à René Lévesque est à vendre ; le prix demandé est de 500 000 $. Face à l'entrée se trouve une grande bibliothèque ; on y aperçoit des tiroirs qui, dit-on, cachent des trésors.

Tout au cours de sa vie, ce politicien (le 23e premier ministre du Québec) resta fidèle à ses convictions. Un tel rêve reflétait pour moi un potentiel inexploré. Je pouvais suivre les pas de ce grand homme et transmettre à d'autres les valeurs si chères à mon cœur. L'enthousiasme était là ; je n'avais qu'à attendre l'occasion. Et c'est le 22 novembre 1989 que le fondateur d'ORIDIS, importateur de produits naturels, m'ouvrit une porte. Il me proposa de donner ma première conférence sur les bienfaits de la technique du *rebirth*, puis des causeries sur différents thèmes, toujours orientés sur le mieux-être.

◆

Michèle Morgan
Rêve du 16 juillet 1989

J'avais prêté la chaise haute pour bébé à une dame que je connaissais très peu. J'appris par la suite qu'elle était la cousine de l'actrice Michèle Morgan. La dame me dit : « Si vous voulez la rencontrer, je vous donne ses coordonnées ». Je suis allée dans son quartier. Lorsque je m'approchai de sa villa, Mme Morgan m'aperçut et me sourit. Même si je me sentais comme une intruse, je lui parlai de sa cousine en ajoutant que j'aimais son assurance, sa personnalité authentique, son élégance et sa simplicité. À mon grand étonnement, Mme Morgan m'invita dans son jardin pour prendre un verre de vin.

Après la naissance de ma fille Sonia, c'est avec un soin minutieux que nous avions choisi une chaise haute réglable pour être ensemble autour de la table. À cette époque, je donnais de plus en plus de conférences. Ce rêve m'indiquait de continuer dans cette voie, de m'exprimer en compagnie de petits groupes autour d'une table, de renforcer ces échanges, de partager un intérêt commun avec les participants, de m'abreuver de leur regard approbateur, tout comme je le ferais avec un bon vin.

Je venais alors de terminer la lecture des mémoires de Michèle Morgan, écrites en 1977. Elle racontait qu'à l'âge de trois ans, un ami de son père, astrologue amateur, lui avait prédit qu'elle deviendrait célèbre. Depuis mon enfance, j'ai toujours eu un intérêt particulier pour ces gens différents de moi. Certains personnages célèbres apparus dans mes rêves étaient des occasions d'élargir mes perceptions.

Le vol du sac à main
Rêve du 22 octobre 1989

Quelqu'un essaie de me voler mon sac à main, plus particulièrement mon portefeuille. Je crie ; le voleur panique et s'éloigne à toute vitesse.

Ce rêve est chargé de significations. Je tiens à exprimer ce que je ressens et je m'affirme davantage. Je me défends sans avoir à me justifier, contrairement au rêve d'enfance quand aucun son ne sortit de ma bouche.

Je me cache sous l'eau
Rêve du 4 février 1990

*Je me vois dans une situation inconfortable et pour m'en défaire,
je me cache sous l'eau.*

Dans l'enfance, même si nous avions un chalet sur les rives du lac
Saint-Jean, je ressentais toujours un malaise face à l'eau froide. J'en
avais même le souffle coupé quand j'y nageais. J'interprète ce rêve
comme un enseignement. L'eau, la demeure du fœtus, représente
un retour à la source. Elle évoque la vitalité, la régénération par
immersion allant dans les profondeurs de l'âme.

◆

Un cri perçant
Rêve du 12 juin 1990

*Je suis chez moi et un voisin sonne à la porte. J'ouvre. Voyant
que je suis seule, il me conduit dans un coin de la pièce. Je ne
panique pas ; j'ose enfin lancer un cri perçant.*

Toute la maisonnée se réveille, et même si j'ai perturbé leur
sommeil, je suis très contente. J'éprouve une véritable libération.
Je n'ai plus de serrement dans la gorge. Je peux enfin m'affirmer en
tant que femme sans avoir peur du jugement des autres.

Ce rêve rejoint celui du vol de sac à main.

◆ ◆ ◆

C'est aussi grâce à l'interprétation d'un premier rêve que j'ai trouvé le moyen de réaliser un souhait que Yousaf et moi chérissions tendrement.

Mariée depuis neuf ans, c'est en 1978, lors d'un premier grand voyage, que j'ai finalement fait la connaissance de ma belle-famille. Ces moments privilégiés sont gravés à jamais dans mon cœur et celui de ma fille. Réjean n'ayant que deux ans, ma mère et une de mes sœurs avaient pris soin de lui à Montréal. Sonia, âgée de huit ans, nous accompagnait.

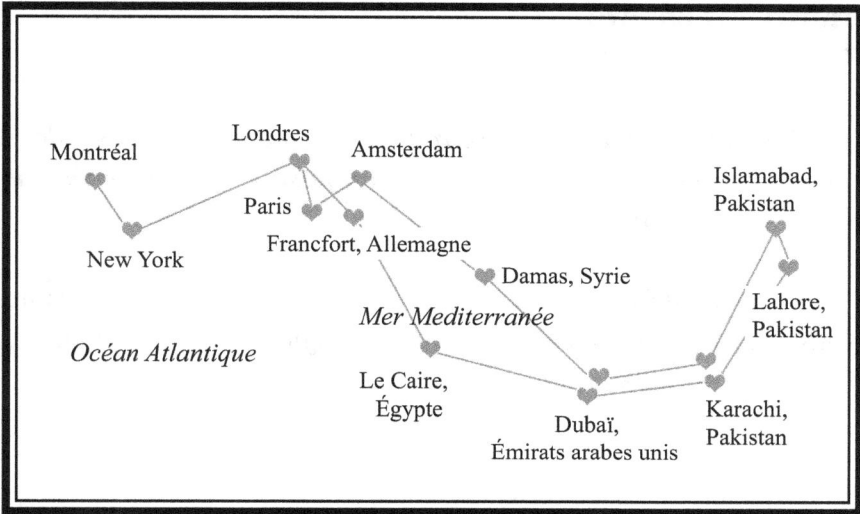

Le voyage aller représenta presque 24 heures de vol. Tel fut notre itinéraire : Montréal–Londres, Londres–Paris, Paris–Amsterdam, Amsterdam–Damas, Damas–Dubaï, Dubaï–Karachi, Karachi–Lahore, Lahore–Islamabad. À cause des retards, il était impossible de connaître l'heure de notre arrivée. Pour nous accueillir, les membres de la famille de Yousaf faisaient, à tour de rôle, la navette entre leur domicile et l'aéroport d'Islamabad. Dans les années qui suivirent, mon conjoint retourna deux fois visiter les siens.

Yousaf manifestait souvent le désir de voir la famille réunie lors d'un autre séjour en Orient. En tant que père, il était important pour lui que ses enfants s'imprègnent de sa culture. En 1991, Sonia étudiait à l'université et Réjean fréquentait un collège privé. Planifier un voyage pour quatre personnes et parcourir la moitié de la planète semblait presque impossible, mais…

Voici une série de rêves déclencheurs qui rendirent le projet réalisable.

Un rêve inespéré
Rêve du 4 février 1991

Une nuit, toute la famille se retrouve en plein ciel ; nous volons comme des oiseaux. De retour sur terre, je suis impressionnée par ce qui émane de nos visages.

Je sentais de l'intérieur de moi que ce voyage était réalisable. Nous devions simplement établir une stratégie. Pendant ce temps, je n'arrêtais pas de réfléchir.

❧

Les vêtements griffés
Rêve du 1er mars 1991

Des personnes guident ma famille vers un jardin privé. Elles nous laissent près d'un arbre et, de là nous voyons un pont miniature, près duquel il y a une vente de vêtements griffés de marques européennes.

Je revoyais mon rêve d'enfance, celui où je possédais une garde-robe bien remplie. Et intuitivement, je sentais que ces vêtements pourraient devenir facilement accessibles. Ce jardin privé, je le sentais comme un signe d'abondance. Mais c'était beaucoup plus qu'un souvenir. Ce rêve était prémonitoire.

❧

Un arc-en-ciel
Rêve du 26 mai 1991

Je vois surgir un jet d'eau et un arc-en-ciel.

Ce jaillissement venant des sources profondes génère une grande force, sans compter celle de l'énergie des couleurs, le pont entre le ciel et la terre. Il signifie également la rencontre de l'Occident et de l'Orient, porteuse d'événements heureux.

◆

Un monde enchanteur
Rêve du 6 juin 1991

Ce que j'aperçois est féerique : les couleurs dépassent l'imagination ; elles sont indescriptibles.

Ce matin-là, je me suis sentie transportée par la vision d'un monde subtil, celui du plan de l'âme. Ces deux derniers rêves parlaient d'initiations. L'Univers me conseillait de porter attention aux messages que la vie m'envoyait pour faciliter notre voyage en Orient.

En juillet 1991, ma bonne amie Yasmine avait le temps de socialiser. Elle m'apprit qu'une de ses voisines venait de fermer les portes de sa boutique de vêtements griffés pour dames. La commerçante disposait d'un surplus de vêtements. Le gouvernement du Québec venait d'implanter la taxe de vente provinciale ; cette valeur ajoutée au prix de vente rendait plus difficile le commerce de la petite entreprise.

En allant chez elle, je fus surprise de voir tout ce qu'une femme pouvait désirer pour créer un nouveau style. La dame me fit une proposition pour écouler sa marchandise au tiers de sa valeur et partager les profits. De plus, chaque fois que je réussissais à vendre dix vêtements, j'en obtenais un gratuitement. Une offre aussi avantageuse demandait peu de réflexion. Avec l'aide de son mari, elle m'apporta quelques portemanteaux mobiles et des vêtements portant tous la signature d'un grand couturier.

Dès qu'une cliente entrait chez moi, elle ne voyait ni un salon ni une salle à manger, mais une boutique pour dames avec un étalage de vêtements fort attrayants.

De son côté, Emma, une fidèle des sessions de *rebirth*, vendait de la lingerie dans les établissements d'hébergement pour personnes âgées. Il lui était difficile d'expliquer à ses clientes que, du jour au lendemain, la taxe provinciale ajoutée à la taxe fédérale représentait un total de 15 % de la facture. Elle discuta alors avec moi de la possibilité d'écouler sa marchandise. Et voilà que s'ajoutaient, dans mon salon, des valises remplies de sous-vêtements.

Très vite, le commerce prit de l'expansion. Je recevais des appels de dames connues et inconnues voulant profiter de ces aubaines exceptionnelles.

Comme j'étais devenue temporairement commerçante, mon conjoint et moi avons dû réaménager le rez-de-chaussée pour en consacrer une partie à ce commerce. Heureusement, ces pertes d'espace ne perturbèrent nullement l'atmosphère familiale, car le désir qui habitait nos cœurs renforçait notre complicité.

Une autre idée prit forme : celle d'offrir des bijoux fabriqués au Canada. Même si en Orient les femmes portent des bijoux en or, elles aiment rehausser leurs toilettes de parures de fantaisie. Alors, j'ai proposé aux clientes et amies de me donner leurs bijoux à l'éclat perdu. Et ce fut au tour de Yousaf d'ouvrir un atelier. C'est avec patience qu'il prit plaisir à leur redonner plus de caractère et même à utiliser les recettes de sa mère pour ajouter de l'éclat aux broches, colliers, épingles et médaillons. Lors du voyage, il fut très fier d'ouvrir son coffret plein d'ornements scintillants et laisser les demoiselles faire leur choix.

Au cours d'une conversation téléphonique avec ma belle-sœur, je lui avais demandé ce qu'il lui ferait plaisir que j'apporte du Canada. À mon plus grand étonnement, elle me demanda des soutiens-gorge, m'expliquant que les femmes sont fascinées par la beauté de nos sous-vêtements. À cette époque, la majorité des femmes les confectionnaient elles-mêmes. Me voilà donc à négocier ce qui restait de la lingerie.

Pendant ce temps, j'avais acquis de l'expérience dans mon travail et tout un étage était réservé à mes fonctions. Mon statut juridique était sous le nom de Pauline Lapointe-Chiragh, N.D. Enr., qui devint plus tard une école de naturopathie. Grâce à ces rencontres, je fus en mesure de faire connaître d'une autre façon mon entreprise en gagnant de nouvelles clientes et de futures étudiantes.

Pour réaliser le voyage au Pakistan, il restait à se procurer les billets. Nous avons repris une hypothèque sur la maison. Sonia et moi avons quitté le Québec en novembre 1991 pour vivre cette grande aventure. Yousaf et Réjean nous ont retrouvées pour la période des Fêtes.

Avant notre départ, je reçus Mona, une autre cliente des sessions de *rebirth*. Elle était représentante d'une confiserie. Je lui parlai de notre projet de voyage. Elle me dit : « Ton mari ne doit pas arriver les mains vides, laisse-moi m'en occuper ». Quelques jours passèrent et Mona revint avec plusieurs boîtes. Croyez-le ou non, la valise de Yousaf ne contenait que des douceurs. Partout où il se présenta, il n'offrit pas de fleurs, mais du chocolat.

Ces rêves prémonitoires et riches d'informations étaient comme les pièces d'un casse-tête. Il suffisait de les assembler, en restant présente aux signes du destin qui apparaissaient presque par magie.

Réjean, âgé de 15 ans, en était à son premier voyage au Pakistan. Quant à Sonia, elle revenait cette fois avec une vision d'adulte. Comparativement à leur vécu québécois, mes enfants furent surpris de découvrir soudainement que leur père avait été élevé et éduqué dans l'aisance. Le grand-père était très différent de son fils ; par sa nature ardente, il prenait plaisir à nous émerveiller.

Nous étions métamorphosés, resplendissants ; nos yeux reflétaient le bonheur. Une styliste professionnelle n'aurait pas fait mieux pour maximiser notre apparence. Nous portions tous des vêtements raffinés et recevions des cadeaux à profusion. La famille Chiragh du Canada était très fière du résultat de ses efforts et de ses réalisations. Mais pour mon beau-père, c'était tout naturel. Il avait été le grand tailleur des officiers de l'armée qui, jusqu'en 1947, appartenait à l'Empire britannique. Il travaillait à forfait, déménageant d'une base militaire à une autre. Son style de vie, influencé par son rang social, reflétait sa prospérité.

Non seulement nous ressemblions à une famille princière, mais nous étions aussi traités avec dignité. Pour mon beau-père, cet homme si attachant, les idées de grandeur ne manquaient pas. Il pouvait lire dans notre regard et nous faire rêver.

Pour certaines sorties, mon beau-père voulait que nous soyons vêtus selon les coutumes du pays. Il prenait plaisir à contacter le tailleur. Il nous emmenait même chez le teinturier pour que celui-ci puisse assortir les couleurs des vêtements à notre teint, et bien sûr ces vêtements nous allaient à merveille.

Au moindre bruit, dès le réveil, un serviteur sonnait à la porte pour nous offrir du thé. Nous n'entrions pas avec nos souliers dans la chambre à coucher, nous les laissions à la porte. Le lendemain, nous les retrouvions comme neufs.

La plupart de nos déplacements s'effectuaient en compagnie d'un chauffeur privé. Mais pour les grandes sorties familiales, il nous fallait plusieurs chauffeurs.

Quel étonnement que de découvrir les beautés de notre voyage ! L'imposant Taj Mahal est le noyau de l'art islamique en Inde. Sa construction débuta en 1631 sous l'empereur Shâh Jahân en mémoire de son épouse décédée à l'âge de 39 ans en donnant naissance à leur quatorzième enfant. Ce palais de la couronne, symbole de l'amour éternel, scintille sous le soleil indien, changeant de couleur en fonction de l'heure du jour. Il est d'ailleurs inscrit au patrimoine mondial de l'UNESCO depuis 1983. Le Mohenjo-daro, aujourd'hui encore, est un vrai mystère. La vallée de l'Indus, berceau de la civilisation indienne, représente le vestige de l'une des plus grandes cités de l'âge du bronze de l'Inde. Elle est située au nord-est de Karachi. Une autre ville, Thatta, à proximité de Karachi, se visite pour ses monuments historiques. Cette capitale de trois dynasties successives reflète la civilisation de la province du Sind au Pakistan. On y trouve des montagnes à couper le souffle. La ville de Lahore est toujours la capitale culturelle tandis que Islamabad, près de Rawalpindi, est devenue la capitale politique et le centre économique du pays. Cette ville fut construite entre 1960 et 1963 par les Européens.

Ces émotions furent difficiles à transcrire en mots, car nous faisions aussi un voyage intérieur en prenant contact avec l'histoire de l'Humanité. Nous en avons savouré chaque instant et nous étions heureux d'être là, de partager au quotidien un style de vie si différent du nôtre. En voici quelques fragments. L'air était souvent rempli d'odeurs d'épices qui créaient un parfum agréable. En nous promenant dans les rues, nous étions enivrés de la fragrance de la fleur du jasmin indien. Ce même arôme aurait conquis Cléopâtre partie à la rencontre de Marc Antoine (l'un des officiers de Jules César) dans un bateau dont la surface des voiles était enduite de jasmin. Circuler sur les routes était un vrai spectacle : en plus des voitures, des passants, des charrettes tirées par des ânes, des vélos, scooters, motos et autobus multicolores envahissaient la voie publique.

Nous pouvions facilement dormir à la belle étoile sur le toit de la demeure. Il suffisait d'utiliser des lits dont les sommiers étaient tissés de ficelles autour d'un cadre en bois ; ces lits servaient aussi de table ou de banc. Leur encastrement étant aisé, ils se rangeaient facilement dans un placard. Garder des invités à coucher ne semblait jamais être un problème.

Ces retrouvailles restent imprégnées dans nos mémoires. Malgré nos différences, de nombreuses similitudes nous avaient rapprochés ; partout où nous allions, nous nous sentions chez nous.

Cette aventure rendit encore plus intenses les sentiments qui nous unissaient. Comme Sonia et moi avions commencé et terminé notre voyage plus tôt que Yousaf et Réjean, nous gardions en mémoire des expériences différentes. En plus du congé scolaire, Réjean avait pris deux semaines de vacances additionnelles ; lui et son père revinrent à la fin de janvier. Notre rêve s'était réalisé. Lorsque nous en avons parlé plus tard, il semblait que rien ne nous avait échappé. Le rêve de l'arc-en-ciel m'avait préparée à vivre plus intensément ce séjour rempli de couleurs à tous les niveaux.

Au retour de ce voyage, je continuai à me perfectionner en m'initiant à différentes techniques énergétiques comme le toucher thérapeutique, le reiki et la radiesthésie. J'appris alors que j'avais un fibrome à l'utérus, une tumeur bénigne formée par du tissu fibreux.

◆

Une chaleur radiante
Rêve du 17 août 1992

Je vois une éruption sur la peau de mon visage. Je réussis à la faire disparaître. Tout en effectuant un rebirth, je tousse et je m'approche du lavabo ; des sécrétions se dégagent de ma gorge. Au même moment, j'éprouve une sensation de chaleur à l'endroit où se loge le fibrome. Cette chaleur devient intense, non pas au niveau de la peau, mais dans les couches de l'épiderme. Je la ressens comme un feu doux, irradiant en profondeur.

Je compris que si j'étais à l'origine de cet intrus, c'était à moi de ne pas me laisser envahir et de l'éliminer.

Le soir, je m'endormais en dirigeant ma pensée vers cette partie du corps. Sans pression, je mettais les mains sur le ventre, imaginant sentir un fluide se dégager de cette boule. Comme je savais que le côté cérébral est moins actif la nuit et que le subconscient travaille constamment, je décidai de le mettre à mon service. Tous les soirs, je répétais le même scénario jusqu'à ce que je ressente une intensité de chaleur semblable à celle que j'avais perçue dans mon rêve. Plus le temps passait, plus je sentais rapidement cette radiation sous mes mains.

Un soir, me trouvant dans un demi-sommeil, une source de lumière émana à partir du plexus solaire et sembla rafraîchir mon être. Quand je suis retournée chez le médecin, le fibrome avait disparu.

Les trois portes
Rêve du 22 décembre 1992

Je vois plusieurs portes entrouvertes dans une pièce. Par la suite, trois d'entre elles s'ouvrent devant moi.

Ce rêve me confirmait les notions apprises dans l'étude de la philosophie de la naturopathie : le corps ne peut se séparer ni de l'esprit ni de l'âme.

En plus des consultations privées, des sessions de *rebirth* et de massage, j'avais commencé à enseigner. À partir de ce rêve, je compris mieux le potentiel humain ainsi que la force de l'apprentissage dans l'action par le partage.

Il existait donc trois portes initiatiques donnant accès à des passages différents, trois possibilités de découvrir ce qui se cachait derrière. Je ne devais pas rester prisonnière entre deux portes, piégée par la peur du changement, mais sortir pour ne plus me sentir barricadée ou enfermée. Je devais tout d'abord franchir le seuil et entrer à l'intérieur de moi pour accéder à la sagesse. De la première porte, je pouvais voir le soleil levant, le centre, l'ici et maintenant; de la deuxième porte, je voyais l'ombre et la lumière et la possibilité de faire mes choix; enfin, la dernière porte, celle du soleil couchant, me permettait de prendre du recul et m'arrêter pour réfléchir.

Il me fallait apprendre à passer par l'esprit pour atteindre le cœur et suivre mes inspirations afin d'accéder à mon potentiel inné. Puis, je devais laisser surgir ce qui se trouvait au plus profond de moi et mettre en œuvre mes acquis professionnels. J'étais obligée de satisfaire la curiosité d'apprendre, qui me hantait depuis mon enfance, et de partager mes découvertes. Finalement, je m'obligeais à voir les clients devenir plus lumineux pour me donner la force d'atteindre d'autres objectifs.

Je sentais une multitude de messages dans les coïncidences et les hasards présents dans mon quotidien. J'avais trouvé ma voie, je n'avais qu'à me laisser guider pour explorer de nouvelles avenues. Même si la route semblait longue, je voyais une lumière apparaître à l'horizon. «La santé spirituelle se manifeste par les rêves ayant une origine divine», déclarait l'historien Jacques Le Goff.

Les cônes superposés
Rêve du 7 février 1993

Je vois une série de boîtes et de cônes superposés dans un ordre impeccable.

Mes idées s'éclaircissaient et prenaient forme. Quand l'esprit et l'intelligence du cœur traversent le corps, tout s'imbrique et s'aligne en parfaite unité.

❦

J'ai conscience du séisme
Rêve du 9 avril 1993

Je suis à l'intérieur de la maison, la terre tremble. Durant cette courte période, mon corps résonne à une autre vibration ; je frémis dans toutes les fibres de mon être. Lorsque je me rends compte de ce phénomène, je regarde les autres et je m'aperçois que je suis la seule à avoir ressenti l'événement.

Je prenais conscience que vouloir se réaliser n'était pas une maladie honteuse. Au contraire, j'étais tout simplement privilégiée d'avoir trouvé ma voie. Lorsque l'on m'appelait «granola» de façon mesquine, je ne devais pas laisser le «petit moi» prendre le dessus. Il est certain qu'au début, dans mon enthousiasme, j'étais parfois dérangeante pour mes proches. Il m'arrivait de dire des vérités trop directement et de recevoir une réaction désagréable. Tout en poursuivant mon travail, je m'orientais vers l'apprentissage de l'homéopathie.

J'étais particulièrement fascinée par la découverte des élixirs floraux du Dr Edward Bach (1886–1936). C'était un homéopathe sensible, idéaliste et mystique. Il consacra sa vie à la recherche de la vraie médecine exempte de tout procédé nocif, une médecine pouvant guérir à la fois l'esprit et le corps, ne dissociant pas le mental du physique. Le Dr Bach était convaincu que toute maladie avait sa source dans le psychique. Pour lui, la guérison pouvait se faire par la suppression de la cause profonde du mal en traitant le malade et non la maladie.

C'est à partir de fleurs des champs et des bois qu'il commença à soulager les souffrances, en évitant d'utiliser les plantes toxiques. Il identifia sept groupes d'états émotionnels : la peur, l'incertitude, l'hypersensibilité, le manque d'intérêt pour le présent, la solitude, la résignation et le désespoir. Il mit au point trente-huit essences ainsi que le remède de *Secours (Rescue Remedy)* contribuant à un meilleur équilibre physique et émotionnel. « La souffrance vient du cri de l'âme[6] », disait-il.

◆

Un saut de géant
Rêve du 16 octobre 1993

Quelqu'un me pousse dans l'eau. Je me relève en faisant un saut de géant pour atteindre l'autre côté de la piscine. On me regarde avec étonnement. Ensuite, je traverse un mur et je continue à flotter.

Ce rêve suscita en moi un état d'émerveillement; je me laissai emporter par cette vague de bien-être. La tête, le cœur et le corps fusionnaient, combinant sentiments, idées et images. L'esprit, en union avec les cinq sens, pénétrait dans le mouvement de la conscience, créant des forces magnétiques et brisant les frontières à la conquête d'un nouveau défi.

---

6 SCHEFFER, Metchthild. *Manuel complet des quintessences florales du Dr Edward Bach : Initiation, perfectionnement.* Éditions Le Courrier du livre, 2011, 447 pages.

Un livre volumineux
Rêve du 13 novembre 1993

Je tiens dans mes mains un livre volumineux. Je passe des heures et des heures à le feuilleter et à l'étudier. Je deviens très sélective dans ma lecture, un peu comme si je reconstituais chacun des chapitres.

Je perçus ce rêve comme une façon de mettre de l'ordre dans ma vie, une sorte de grand ménage intérieur. J'éliminai de fausses croyances et me sentais très légère. Mais ce rêve était beaucoup plus que cela : c'était un deuxième rêve prémonitoire. Je devais me laisser du temps. Les pensées germèrent, prirent forme et portèrent fruit. À force de penser, je décidai d'écrire ce livre.

❧

La visite de Papa
Rêve du 17 février 1994

Je vois mon père (décédé en 1977) entrer par la fenêtre. Il est décontracté avec son manteau ouvert. Nos regards se croisent et il s'approche de moi. Je sens dans son expression beaucoup de tendresse. Les mots ne sont pas nécessaires ; nous nous comprenons en silence.

Il était venu me saluer le jour de son anniversaire. Mon père représentait l'homme de son époque. Il disait : «La vie, c'est le travail». Mais cette nuit-là, c'était la visite du père idéal.

❧

L'énergie
Rêve du 3 avril 1994

Aussitôt que je donne un massage à quelqu'un, il semble que le processus de rajeunissement s'opère; probablement qu'une meilleure oxygénation redonne vigueur et énergie à l'ensemble de son être.

Me rappelant les paroles célèbres d'Albert Einstein «Tout est vibration», depuis un certain temps, je portais une vision plus intuitive qui m'unissait aux lois de l'Univers.

Lors de formations en reiki, je demandai aux étudiants de faire des dessins pour interpréter trois étapes de leur vie : l'enfance, le présent et la vision de leur avenir. Sans mots, par des gestes anodins, chacun donna des repères sur le cours de son histoire et sur sa volonté de la transformer pour vivre mieux.

Lorsque j'en fis moi-même l'expérience, je me représentai dans l'avenir les bras ouverts portant une bougie à la main. Je fus surprise de voir mon dessin, plein de sens révélateur de lumière et d'énergie. En un éclair, en ce 17 novembre 1994, sans brainstorming, la raison sociale de mon entreprise apparut : Luminergie. Au fil du temps, j'offris de nouvelles formations à mon Centre. J'ai fait de nombreux rêves dans lesquels je donnais naissance à un bébé. Chaque conception de manuel était, en quelque sorte, un accouchement.

Le drainage lymphatique
Rêve du 23 juillet 1994

Je me trouve à l'étranger où je suis un cours de drainage lymphatique.

Je me dis : « Reste alerte à tout ce qui pourrait ressembler à un cadeau de la vie ». Il s'agissait d'un autre rêve prémonitoire.

◆

Ma rencontre avec Chantal Poulin
Rêve du 2 août 1994

Je donne un massage au père de Chantal Poulin. Il me dit : « Je vais vous offrir un tableau parce que, moi aussi, je peins ». Je ne voulais pas lui déplaire, mais ce n'était pas de lui que je voulais un tableau, mais bien de Chantal, l'artiste peintre. J'aperçus ensuite le mari de Chantal et, finalement, la peintre rayonnante, habillée en blanc.

Je sentis ce rêve comme une occasion de communiquer avec Chantal Poulin. Le temps passa, et un jour je fus surprise de voir, lors d'une exposition, mon artiste vêtue de blanc. Figée, je réfléchis à la façon de l'aborder. Albert Einstein disait : « Le hasard, c'est Dieu qui se présente de façon incognito ». Je m'avançai vers elle et nous échangeâmes un sourire. Puis, ne sachant trop quoi dire, je m'empressai de lui raconter mon rêve. Elle me dit : « Vous arrivez au bon moment, je m'apprêtais à prendre une pause. Vous voulez bien m'accompagner ? » Le courant passa entre nous. Plus tard, elle vint expérimenter quelques séances de *rebirth* à mon école et me confia certains de ses rêves. Une amitié se créa et j'eus même le plaisir de visiter son atelier et de la voir à l'œuvre. Voici son commentaire :

«Pauline possède une façon bien à elle de saisir autrui. Elle détient la faculté de nous percevoir de l'intérieur, comme nul autre ne pourrait le faire. Après une brève rencontre, par l'analyse d'un rêve, elle a été capable de me lire dans ce qui était le plus intime. Elle sait comprendre le miroir de l'âme. Pauline a vraiment un grand talent!»

◆

Le baptême
Rêve du 21 août 1994

J'entre dans un endroit pour assister à un baptême, mais ce n'est pas une église. Le prêtre et les invités sont vêtus d'une cape blanche. Pendant la cérémonie, je vois une auréole autour de la tête du bébé.

Ce rêve était le signe avant-coureur d'un renouveau, d'une transition vers une purification de l'âme. Le psychosociologue et écrivain français Jacques Salomé, né en 1935, a écrit de nombreux livres consacrés à la communication. «On passe sa vie à se mettre au monde», disait-il.

◆

Le pouvoir de la lumière
Rêve du 4 septembre 1994

Je ressens de la pesanteur dans tous mes membres; mon corps est lourd. Puis, en un instant, une lumière naît et tout se dégage : je deviens légère comme une plume. L'air que je respire remplit mon cœur de bonheur.

J'avais l'impression d'une libération. Le poids que je portais en moi avait presque disparu et une nouvelle sensation envahissait mon corps : je le sentais rajeunir.

Ces expériences m'ont conduite vers des états de conscience plus intuitifs ainsi qu'une évolution sur un développement spirituel à l'aspect universel.

❧

La maîtrise au volant
Rêve du 6 novembre 1994

Je conduis longtemps sur la voie rapide de l'autoroute et je dépasse plusieurs voitures.

Je sentais une liberté et une puissance comme celle du cheval au galop. Je maîtrisais le véhicule sans aucune contrainte. Je me sentais prodigieusement transportée par la fluidité du mouvement.

❧

Mère Teresa
Rêve du 20 janvier 1995

Je suis en vacances. Quelqu'un s'approche de moi et me dit que Mère Teresa habite à proximité. Pour lui rendre visite, je dois suivre une route très étroite et aller jusqu'à une petite maison. Lorsque je me trouve devant elle, je la vois entourée d'enfants. Nos regards se croisent. J'éprouve un mélange de joie et de tendresse. Elle se dirige vers moi et me bénit.

Je sentais ce rêve comme une source d'inspiration, Mère Teresa étant un exemple de dévouement, toujours prête à aider. Elle offre son cœur pour aimer et ses mains pour servir.

●

Une visite inattendue
Rêve du 13 mars 1995

On sonne à la porte. Je suis étonnée de voir ma famille par alliance venue d'Orient. N'ayant pas été prévenue de son arrivée, je me sens euphorique. Je suis dépassée par cette visite.

Je compris ce rêve prémonitoire peu de temps après. Je devais oser aller au-delà des frontières connues.

●

Les passionnés des hauts sommets
Rêve du 25 juillet 1995

Je me trouve aux États-Unis, dans un restaurant avec une dame. Elle me décrit des endroits magnifiques réservés aux skieurs alpins et ajoute que, pour ces passionnés de hauts sommets, ce sport est un mode de vie. Elle affirme que la liste des réservations dans ces lieux privilégiés s'étend sur cinq ans. Elle termine en disant : « Quand on veut réaliser un rêve, la notion de temps importe peu ».

Ce deuxième rêve, porteur du même symbole en lien avec l'inattendu, me transportait en Orient et aux États-Unis pour m'indiquer un renouveau.

C'était l'été et le temps des vacances invitait au lâcher-prise. Je saisis cette occasion pour passer une semaine dans un spa. Je me laissais gâter et dans les temps libres, j'assistais à des ateliers-conférences. L'un d'entre eux avait pour sujet la respiration. J'y ajoutai alors mon grain de sel en parlant du *rebirth*.

Plus tard, une dame avec un joli sourire et un accent étranger vint à ma rencontre. Très vite, la discussion s'anima, car nous partagions des intérêts communs. Le cours de la conversation changea et elle me demanda s'il était possible de poursuivre l'entretien dans ma chambre. Je supposai qu'elle voulait faire l'expérience du *rebirth*. Je n'avais pas l'intention de devenir thérapeute d'un soir, car je tenais à profiter de ce temps de repos. Je réfléchissais à la meilleure façon de refuser sans la froisser, mais une surprise m'attendait. J'appris qu'elle vivait en Suisse et que le but de son voyage était de joindre l'utile à l'agréable en découvrant certaines disciplines pratiquées au Québec. En tant que responsable de la formation continue aux adultes, elle était à la recherche d'enseignants pour la petite université de Lausanne dans le canton de Vaud. Après avoir lu la brochure de mon Centre Luminergie et s'être entretenue un bon moment avec moi, elle m'offrit d'enseigner le reiki, l'hygiène de l'oreille et de donner des consultations privées en *rebirth*.

Le 11 septembre 1995, je partis enseigner à l'Université populaire dont l'objectif était la transmission de savoirs théoriques et pratiques pour tous. J'y ai travaillé quatre semaines. Dans mes temps libres, je profitais des invitations pour explorer les alentours et découvrir la Suisse allemande et la Suisse italienne. Je fus fascinée par la beauté des montagnes et leurs hauts sommets. J'ai eu la chance d'enseigner dans un pays étranger et l'expérience fut mémorable.

◆

Un changement de vision
Rêve du 12 octobre 1995

Je suis dans un salon funéraire. Chaque fois que je m'approche du cercueil, je vois la défunte cligner des yeux et une lueur couleur violet sur son corps. Pour comprendre ce phénomène, je répète mon geste à quelques reprises et la même vision apparaît. J'y retourne une dernière fois. La défunte ouvre les yeux, sort très lentement et tout naturellement du cercueil.

Je sentais que ce rêve me demandait d'envisager quelque chose sous un angle nouveau et d'avoir une autre manière de penser ou de travailler. Ou devais-je simplement m'arrêter pour voir et entendre grâce au pouvoir de l'imagination?

◆

Des fleurs sur les marches
Rêve du 10 décembre 1995

Je me prépare pour mon mariage. Je porte une cape blanche avec un capuchon bleu royal garni de fourrure blanche. Je propose à mon fiancé Yousaf de décorer de fleurs les marches que nous allons monter.

Ce rêve était aussi prémonitoire. La semaine suivante, avait lieu le congrès annuel de l'Ordre des naturothérapeutes du Québec. En tant que membre honoraire, je reçus, lors de la cérémonie d'hommage, une médaille de reconnaissance.

◆

Le capitaine de bateau
Rêve du 2 janvier 1996

Je viens de terminer une formation pour piloter un bateau. Je suis heureuse de recevoir les résultats m'annonçant que je suis prête à assumer le rôle de capitaine.

Ce rêve était un autre présage de changement que je vivais aussi dans mon quotidien. C'était comme si le Centre avait pris plus d'ampleur que désiré.

À cette époque, l'équipe de Luminergie comprenait douze personnes, enseignantes ou coordonnatrices dans différentes régions : le Saguenay–Lac-Saint-Jean, Québec, la Gaspésie et Mont-Laurier. J'avais également deux collaborateurs bénévoles.

Les outils promotionnels de mon école étaient le bouche-à-oreille et un dépliant publicitaire. Pour accroître la visibilité de mon entreprise, je louais un kiosque dans les salons d'exposition et je participais aux congrès dédiés aux thèmes Santé et Bien-être. Le succès du Centre était dû à la collaboration et à la complicité de tous les membres de ma famille. Chacun d'eux joua un rôle en participant fièrement à sa brillante réussite.

Quelle que soit l'entreprise, son succès dépend toujours d'un groupe multidisciplinaire. Sa réalisation vient de facteurs intrinsèques et extrinsèques permettant à tous de se développer. Chaque étudiant stimulait ma motivation à améliorer mes connaissances sur la santé et la qualité de vie.

Le Centre Luminergie à Laval fut officiellement reconnu le 31 mai 1996 comme école de naturopathie par le gouvernement du Québec et le 4 septembre par le gouvernement fédéral. Le 30 juin, je reçus une réponse officielle à ma demande d'admission au doctorat en naturopathie. Le thème choisi pour ma thèse : Le cheminement de l'Esprit.

◆

Une incompréhension
Rêve du 7 mai 1997

Je me réveille et je vois le chiffre 8 placé en gros plan dont je ne comprends pas le sens. Ce 8 apparaît et disparaît à plusieurs reprises, pour devenir de plus en plus petit.

Ce nombre symbolise les deux polarités, le yin et le yang, la spirale de l'ADN, tous porteurs du mouvement créateur. C'était un message indéchiffrable. Sur le plan terrestre, le chiffre 8 à l'horizontale forme une boucle, un nœud à défaire, mais lequel ? Ce rêve, comme celui du capitaine de bateau, me parut intrigant : symbolisait-il une escale, un temps d'arrêt ? J'étais incapable d'en saisir le sens.

◆

Le vendredi 13 juin 1997, jour du Grand Prix automobile du Canada pour le Championnat du monde de Formule 1 à Montréal, fut certainement une journée mémorable pour plusieurs, mais pour moi, mon destin bascula en une seconde. En traversant à une intersection, un automobiliste me heurta. Cette poussée violente me transporta pendant un certain temps dans un état d'engourdissement : tout se déroulait au ralenti. Même si j'étais consciente et que rien ne semblait m'échapper, je restais indifférente à ce qui se passait sous mes yeux. Mon corps semblait séparé de la réalité. Je ne ressentais aucune souffrance, mais dès mon arrivée à l'hôpital, le roulement des roues de la civière sur les tuiles du plancher me ramena au présent avec une douleur intense et des frissons.

J'avais une fracture à l'humérus droit et je dus subir une chirurgie. Trois broches me permirent de garder le bras intact. Je fus hospitalisée pendant dix jours. Je découvris alors un monde qui m'était inconnu.

C'était l'époque où le gouvernement du Québec faisait des compressions budgétaires dans le réseau de la santé. Une proposition de retraite anticipée était alors offerte aux infirmières ; plusieurs d'entre elles en saisirent l'opportunité. Cette histoire bouleversa les travailleurs physiquement et émotionnellement.

Normalement, dans le domaine de l'enseignement, l'été est un temps d'arrêt, porteur d'espoir. Mais cet événement fit dévier mes plans. Pendant un certain temps, la vie prit un autre sens : je survivais en dépendant des autres. Mon cerveau me donnait l'impression d'avoir basculé en mode primaire. Mon emploi du temps était rempli par les séances de rééducation, de physiothérapie et de motricité. Redevenir fonctionnelle, restaurer souplesse et élasticité à un corps meurtri suffisait à occuper mon quotidien.

Je fis alors plusieurs rêves, mais ayant perdu la notion du temps, je n'ai pas noté les dates.

◆

La tour Eiffel en cristal

Je vois une ravissante statuette de la tour Eiffel en cristal. Je la tourne dans tous les sens ; la réflexion des rayons du soleil à travers le quartz projette un arc-en-ciel.

Le cristal est un symbole de transparence et de transformation ; c'est aussi un symbole révélateur d'un long travail personnel. La tour Eiffel, par sa hauteur, montre une vision élargie. Encore une fois, je me demande ce que cela peut bien vouloir dire.

◆

L'étoile de David

Je vois le sceau de Salomon, aussi connu sous le nom d'étoile de David. Elle dispose de six branches, formant deux triangles, l'un ascendant et l'autre descendant.

Mes forces revinrent peu à peu et je devins plus autonome. J'étais aussi consciente d'être à un tournant, à un carrefour. Le souvenir du dessin qui avait donné le nom de Luminergie à mon Centre continuait de m'interpeler : la représentation de l'avenir, bras ouverts vers le ciel, une bougie à la main, évoquait à la fois élan, force et transformation.

Les rêves se poursuivaient, démontrant des similitudes et révélant des liens cohérents.

◆

Nouvelle cueillette

Je suis à la campagne, j'admire le bleu du ciel. Souvent, je reconnais dans les prairies le feuillage vert bleuté du printemps, mais rien n'est prêt pour la cueillette. Ou encore, je me promène à travers les champs fraîchement labourés. Je marche tranquillement en suivant les sillons, le regard tourné vers la terre comme si je cherchais un grain de blé.

Ces rêves m'indiquent une nouvelle piste à suivre, mais laquelle ?

Ma convalescence se poursuivit. Un jour, Sonia vint nous rendre visite et m'offrit un livre avec des textes simples représentatifs du rôle primordial que joue notre habitat par rapport à notre bien-être. Ce livre parlait de l'harmonie par le feng shui et comment mieux vivre dans son espace tout en laissant le flux d'énergie ressembler à une danse pour faire de sa maison un havre de paix. Une énergie inspirante monta en moi.

Du souvenir de mon dessin, ce n'est plus une bougie que je voyais dans ma main, mais un flambeau avec une intensité plus forte. Je sentis qu'une porte allait s'ouvrir, une porte restée fermée jusqu'à présent : celle du monde des affaires. J'étais mûre pour marcher dans de nouveaux sentiers. Je venais de découvrir la partie immergée de l'iceberg.

Remerciements

Je tiens à exprimer ma gratitude envers les êtres chers qui m'ont éveillée et guidée sur un chemin tortueux. Même si ce ne fut que pour un bref moment, certains ont laissé une empreinte indélébile.

J'ai une reconnaissance particulière envers ceux et celles qui, dans le passé, m'ont permis de me réaliser et je leur dis merci de leur confiance. Si souvent, je me suis abreuvée de leurs encouragements.

J'adresse mes remerciements à toutes mes amies, notamment à Pierrette Henn et Éliette Simard pour leur fidélité, ainsi qu'à mes accompagnateurs et amis, Michel De Vos et Didier Combatalade qui ont travaillé plusieurs années dans l'ombre en m'offrant si gentiment leur soutien.

Je garde un souvenir impérissable du trio formé avec mes deux fidèles coordonnatrices, Claire Duhot de Québec et Francine Bourbeau de Montréal.

Que dire de Marie Dupuis qui égaie depuis quelques années mes mercredis avec ses ateliers d'écriture spontanée ! Elle m'a encouragée à oser cette aventure.

Le soutien reçu par la généreuse Alice Champagne tout au long de ce projet m'a aussi fait progresser.

Je remercie chaleureusement Hira Masood et Evelyn L. Schofield, B.A., pour leur participation à la version anglaise.

Et enfin le père Benoît Lacroix, un homme hors du commun, qui a effleuré ma vie. Grâce à son oreille attentive et sa perspicacité, il m'a fait de précieuses suggestions qui m'ont permis de terminer ce travail sereinement.

Biographie de Pauline Lapointe-Chiragh

1942 19 août, naissance de Pauline Lapointe à Saint-Cœur-de-Marie, petit village dans la région administrative du Saguenay–Lac-Saint-Jean au Québec, cinquième fille de Jos-Nil Lapointe et de Germaine Gilbert.

1951 Déménagement à Normandin non loin de son lieu de naissance.

1961 Élue reine du carnaval de Dolbeau.

1966 Déménagement à Toronto.

1966 Rencontre de Yousaf, son futur époux.

1980 Retour au Québec, Sainte-Dorothée, Laval.

1985-1988 Études en naturopathie. Travail de réceptionniste à temps partiel dans le cabinet d'un neurologue.

1992 Consultante à temps plein en naturopathie.

1993 Ouverture de son école de naturopathie Luminergie.

1995 Séjour d'enseignement à Lausanne, en Suisse.

1996 L'école Luminergie est reconnue par les gouvernements fédéral et provincial.

2001 Docteure en naturothérapie. Académie des Sciences et Recherches de Montréal.

2005 Décès de Yousaf.

2007 Guide accompagnatrice lors de trois «voyages santé» en Roumanie.

2014   Parution de son livre *Au seuil d'une porte*. Premier lancement, Hôtel The Chesterfield à Palm Beach, en Floride. Deuxième lancement, bibliothèque Mordecai-Richler à Montréal. Participation au Salon du livre du Saguenay-Lac-Saint-Jean, soirée hommage ; un coffret de son livre présenté en reliure de luxe.

2014   Conférence sur la transmission par l'écriture. Intergénération Québec.

2014   Formation « Lancement d'une entreprise », Commission scolaire Marguerite-Bourgeoys.

2015   Animation de quatre ateliers d'écriture à Relais famille.

2015   Entrevue à l'Émergence, Centre de méditation.

2015   Conférence donnée à la bibliothèque Marc-Favreau.

2017   Conférence sur la thérapie par l'écriture donnée au Centre des aînés de Villeray.

2017   Traduction du livre *Au seuil d'une porte* et parution version bilingue *On the way in*.

2017   Formation sur la vente et la distribution d'un livre.

2017   Conférence sur le leadership, programme de lancement d'une entreprise à la Commission scolaire de Montréal.

Biographie de Massoud Golriz
Artiste peintre

Né dans un pays sur la route de la soie, Massoud Golriz a étudié la peinture à L'École nationale supérieure des beaux-arts de Paris avant d'immigrer au Québec dans les années 1980.

Alors qu'il étudiait en architecture à l'Université de Montréal, le directeur de la Faculté reconnut en lui un rare talent dans le dessin d'expression libre.

Ses peintures évoquent un univers aquatique ou végétal, un foisonnement de formes à la manière des miniatures persanes. Son art s'exprime sur des étoffes de soie servant le plus souvent de murales, de paravents ou de rideaux.

www.golriz-design.com

Épilogue

L'année de mes 70 ans, j'ai subi un examen médical complet. Le besoin de me rassurer sur mon état de santé était omniprésent; plusieurs personnes de mon entourage, aux prises avec une santé chancelante, vivaient des moments difficiles. À la suite de cet examen, le médecin m'a dit : « Madame, revenez quand vous aurez 100 ans ! » Ce soir-là, je me suis endormie en pleurant « Encore trente ans à vivre ! Pour être heureuse, ma vie doit prendre assurément un nouveau tournant. »

C'est mon mari venu me voir en rêve qui m'a donné alors le courage de mettre en branle ce projet d'écriture. Le sens de son message était clair : « Que ton objectif devienne ta mission de vie. »

Après un travail de longue haleine, j'ai publié mon premier livre « Au Seuil d'une porte » *au printemps 2014.*

Puis, une rencontre déterminante avec le père Benoît Lacroix m'a ouvert une nouvelle voie; il m'a donné un nouveau seuil à franchir. « Pourquoi ne pas l'offrir en version bilingue ? » m'a-t-il dit. Cette confiance qu'il a manifestée à mon égard m'a donné l'élan pour entreprendre la traduction de mon livre. Et c'est cet élan que l'on retrouve dans le titre que j'ai choisi de lui donner, « On the way in ». *La couverture est semblable; j'y ai ajouté la photo de mes deux petits-enfants si chers à mon cœur.*

J'ai beaucoup appris en coordonnant le travail de traduction. J'ai rencontré des difficultés, certes, mais j'ai aussi relevé des défis et éprouvé beaucoup de plaisir. Étrangement, il s'agit du même livre, mais celui-ci aura peut-être une vie totalement différente. Je lui souhaite de voyager dans le temps et dans l'espace...

TABLE DES MATIÈRES